Jean-Philippe Dallies-Labourdette

U-Boote

Eine Bildchronik 1935 – 1945

Motor buch Verlag spezial

INHALT

Einbandgestaltung: Andreas Pflaum unter Verwendung von Vorlagen aus dem Buch.
Bildnachweis: Siehe Seite 144

Die französische Originalausgabe erschien 1996 bei
Histoire & Collections, 19, avenue de la Republique, 75011 Paris, France.
Gestaltung: FABECO

Ins Deutsche übertragen und bearbeitet von **Wolfram Schürer**
Deutsche Bearbeitung: **Helma** und **Wolfram Schürer**

ISBN 3-613-02514-0
ISBN 978-3-613-02514-1

Spezialausgabe: 2. Auflage 2006

Lektor: Martin Benz M.A.
Innengestaltung: Katharina Jüssen
Druck und Bindung: Fortuna Print Expert
Printed in Europe

Von 1914 bis 1918 zogen die Unterseeboote aus den beispiellosen technischen Verbesserungen Nutzen. Anfänglich auf Einsätze in Küstengewässern beschränkt, wagten sie sich bald von ihren Stützpunkten immer weiter hinaus.

Unter der Führung von Kaiser Wilhelm II. erkannte das kaiserliche Deutschland rasch die offensiven Möglichkeiten der neuen Waffe.

Die Lehren des Großen Krieges

In diesem vierjährigen Konflikt waren die U-Boote in einen unbarmherzigen Kampf gegen die alliierte Schiffahrt verwickelt; sie fügten ihrem Gegner derart große Verluste zu, daß die Seeverbindungen über den Atlantik nach Großbritannien nahezu durchtrennt waren. Die Briten, die vor dem Kriege die größte Handelsflotte der Welt besaßen, verloren über neun Millionen BRT an Handelsschiffsraum oder annähernd 90 % ihrer Transportkapazität des Jahres 1914.

Die den Alliierten zugefügten schweren Verluste zeigten, daß das Unterseeboot im 1. Weltkrieg zu einer voll einsatzfähigen Waffe herangereift war.

Als am 11. November 1918 der Waffenstillstand zwischen Deutschland und den Alliierten unterzeichnet wurde, ergab sich als Auswirkung: Alle Unterseeboote mußten den Siegern übergeben werden. Die Waffenstillstandsbedingungen legten auch fest, daß die fahrbereiten U-Boote ihre volle Bewaffnung behielten, während die übrigen abgerüstet und aufgelegt werden mußten.

Die Selbstversenkung der deutschen Flotte

Am 20. November 1918 trat eine lange Reihe von U-Booten den Marsch entlang der Ostküste Englands nach Harwich an. Insgesamt wurden den Alliierten 176 U-Boote übergeben, während eine nicht feststellbare Anzahl von ihren Besatzungen in den deutschen Häfen selbstversenkt wurde.

Zwei der Männer, die diese Demütigung der Niederlage erfuhren, waren der Kapitänleutnant Lothar Eugen Georg v. Arnauld de la Periére, auf dessen Konto bis Ende 1918 die schwindelerregende Anzahl von 194 Schiffen mit insgesamt 453 716 BRT kam, sowie ein junger U-Bootkommandant, dessen Boot am 4. Oktober 1918 im Mittelmeer versenkt worden war, als er einen stark gesicherten Geleitzug angriff. Sein Name war Karl Dönitz und unter seiner Führung sollte die deutsche U-Bootwaffe wieder entstehen. Eine neue Generation von Kommandanten, von Dönitz selbst ausgebildet, würde die Taten ihrer Vorgänger in einer gigantischen Konfrontation auf den Weltmeeren wiederholen.

Am 16. April 1919 schuf die Weimarer Republik die »Vorläufige Reichsmarine«

Am 21. Juni 1919 wurden die deutschen Schiffe, die aufgrund der Waffenstillstandsbedingungen in Scapa Flow interniert worden waren, von ihren Besatzungen selbstversenkt.

Die Vertragsbeschränkungen

Die harten Bedingungen des Versailler Friedensvertrages verringerten die deutsche Flotte auf einen einfachen Bestand zur Küstenverteidigung. Der Personalbestand der Marine schrumpfte auf 13 500 Mann und 1500 Offiziere. Die Anzahl der Kriegsschiffe wurde auf 6 Schlachtschiffe, 6 Kreuzer, 12 Zerstörer, 12 Torpedoboote und auf eine Handvoll Reserveschiffe und kleinere Einheiten beschränkt. Unterseeboote waren der deutschen Marine nicht mehr

erlaubt. Die höchstzulässige Tonnage lag bei 10 000 t für Schlachtschiffe, 6000 t für Kreuzer, 800 t für Zerstörer und 200 t für Torpedoboote. Anfang der 20er Jahre war die deutsche Flotte verfallen und veraltet.

Mit dem Wehrgesetz vom 23. März 1921 entstand die »Reichsmarine« (umbenannt seit dem 1. Januar 1921). Trotz eines langsamen, aber effizienten Modernisierungsprogramms war sie 1928, als Erich Raeder die Leitung der Marine übernahm, der französischen Flotte noch unterlegen und stellte gegenüber der Royal Navy einen Zwerg dar. 1929 lief das erste Panzerschiff vom Stapel: die DEUTSCHLAND, gefolgt von der ADMIRAL SCHEER und der ADMIRAL GRAF SPEE. Leichter und kleiner als ihre britischen und französischen Gegner waren diese Schiffe schneller als ihre Widersacher und genauso stark bewaffnet.

Am 21. Mai 1935, zwei Jahre nach Hitlers Machtergreifung, entstand aus der Reichsmarine die »Kriegsmarine«.

Ein U-Boot vom Typ UB III, wahrscheinlich 1917 aufgenommen. Auf dem Oberdeck ist vor dem Turm das 10,5-cm-Geschütz und ganz vorn die lange Netzsäge zu erkennen. Der Typ UB III war ein derart gelungener Entwurf, daß etwa 20 Jahre später der Typ VII von ihm abgeleitet wurde.

Der Dieselmaschinenraum eines U-Bootes aus der Zeit des Großen Krieges. Unter seinen Männern stehend, trägt der Offizier im Vordergrund wie sie eine dicke Lederjacke (»Lederpäckchen«) zum Schutz gegen die Feuchtigkeit, die auf Unterseebooten vorherrscht.

U 117 war ein großes Unterseeboot für ozeanische Verwendung (U-Minenkreuzer vom Typ UE II), entworfen, um die Schiffahrt in den Schlußphasen des 1. Weltkrieges in nordamerikanischen Gewässern anzugreifen. Falls erforderlich, konnte ein solches U-Boot auch über Wasser ein alliiertes Handelsschiff mit seiner Artillerie versenken. Die Bewaffnung von U 117 bestand aus einem 15-cm-Geschütz vorn und einem 8,8-cm-Geschütz achtern. Neben vier 50-cm-Bugtorpedorohren (14 Torpedos) besaß dieser U-Kreuzer unter Wasser zwei 100-cm-Minenrohre am Heck für 42 Minen. Gegebenenfalls konnten weitere 30 Minen (statt zwei Torpedos) in Deckslagerkästen mit Schienen zu den Ablaufstellen achtern mitgeführt werden.

Kapitänleutnant Lothar v. Arnauld de la Periére. Der erfolgreichste U-Boot-kommandant der Welt bis heute versenkte im 1. Weltkrieg 194 Schiffe mit insgesamt 453 716 BRT.

UB 67 in schwerer See vor der Insel Helgoland (im Hintergrund gerade noch erkennbar). Auch dieses Boot ist vom Typ UB III, obwohl oft behauptet wurde, das Bild zeige ein U-Boot des 2. Weltkrieges.

Das 1916 gebaute Handels-U-Boot DEUTSCHLAND wurde Anfang 1917 zum U-Kreuzer U 155 *umgebaut, um in nordamerikanischen Gewässern zu operieren.*

Oberleutnant zur See Karl Dönitz, der später zum Befehlshaber der U-Boote aufsteigen sollte, als Wachoffizier auf U 39 *im 1. Weltkrieg.*

1919: Deutsche U-Boote liegen vertäut im Hafen von Harwich nach dem Waffenstillstand. Von links nach rechts: Typ UC II, Typ UB II, Typ UC II sowie der U-Kreuzer U 151 *(ex-Handels-U-Boot OLDENBURG), den Frankreich als Kriegsbeute erhielt.*

Die Wiedergeburt der U-Bootwaffe

Projekte der Zwischenkriegszeit

Die deutsche Marine entwickelte rasch Täuschungsmaßnahmen, die darauf abzielten, ihre U-Bootwaffe neu zu schaffen, und dies in völliger Mißachtung des Versailler »Diktats«.

Bereits kurze Zeit nach Kriegsende unterstützte die deutsche Marine heimlich die Arbeit einer zehnköpfigen Gruppe, die ein Unterseeboot entwarf. Anfang 1922 begonnen, wurde dieses Programm unter dem Deckmantel einer in Den Haag gelegenen holländischen Ingenieursfirma fortgeführt, die unter der Bezeichnung IvS (Ingenieurskaantor voor Scheepsbouw) registriert war.

Bis 1928 wurden unter äußerster Geheimhaltung – die Aktivitäten wurden durch Scheinfirmen in Berlin, u.a. die »Igewit«, überwacht – mehrere U-Boote beim IvS entwickelt, zum Teil auf Werften in Holland, Finnland und Spanien gebaut und an die Türkei und Finnland verkauft. Außerdem führten in Spanien und Finnland aktive und inaktive Marineoffiziere als »zivile« Besatzungen unter Aufsicht früherer U-Bootkommandanten Probefahrten und U-Bootausbildung durch, während in Deutschland geheime Aufbauprogramme und die als »U-Bootabwehrschule« getarnte U-Bootschule entstanden.

Am 16. März 1935 kündigte Hitler den Versailler Vertrag unter Wiederherstellung der deutschen Wehrhoheit auf. Bereits 1934 war das gesamte Material zum Teil über Holland für den Zusammenbau der ersten sechs U-Boote beschafft und im geheimen in Bauhallen bei der Germaniawerft und bei den Deutschen Werken in Kiel eingelagert worden.

Das am 18. Juni 1935 in London unterzeichnete deutsch-britische Flottenabkommen begrenzte die deutsche Flottenstärke gegenüber der Royal Navy auf 35 % (U-Boote 45 %). Die Briten stimmten dem Abkommen in der Hoffnung zu, dem Aufbau der Kriegsmarine Zügel anzulegen. Schon elf Tage später wurde *U 1* in Dienst gestellt und obwohl es nur ein Küsten-U-Boot mit 250 t Verdrängung war, kündigte es die Wiedergeburt der U-Bootwaffe an.

Die Zügelung des Unterwasserkrieges

Am 23. November 1936 unterzeichnete der deutsche Außenminister v. Ribbentrop als Bedingung der Briten das Londoner U-Bootprotokoll, dem fast alle Seemächte zustimmten. Es sollte auf lange Sicht die U-Bootkriegführung, in eine Konvention eingebunden, insgesamt ächten. Dieser Vertrag legte der U-Bootkriegführung beträchtliche Beschränkungen auf und zwang die U-Boote, ein Schiff nur dann anzugreifen, wenn die Bedingungen des Haager Abkommens (1907) beachtet wurden (Garantieren der Sicherheit für Passagiere, Besatzung und Schiffspapiere).

Verständlicherweise beraubte dieser Vertrag das Unterseeboot seines Hauptvorteils: des überraschenden Angriffs unter Wasser. Doch die Briten waren überzeugt, daß die zukünftigen Auseinandersetzungen zur See zwischen größeren Überwassereinheiten stattfinden würden. Damit käme das U-Boot als Waffe allmählich außer Gebrauch. Die deutsche Seekriegsleitung hegte jedoch diese Illusionen nicht; daher hatten diese Vertragsbedingungen den Ausschluß der U-Boote verbessert. Schon bald kamen der U-Bootbau und die Ausbildung ihrer Besatzungen in Schwung. Im September 1935 übernahm Karl Dönitz den Aufbau der U-Bootwaffe.

Karl Dönitz

Zu diesem Zeitpunkt war der 44jährige Fregattenkapitän Dönitz gerade als Kommandant des Leichten Kreuzers EMDEN von einer Weltreise zurückgekehrt. Er galt als ein vielversprechender Marineoffizier. Der in Berlin geborene Dönitz trat 1910 als Seekadett in die Kaiserliche Marine ein und wurde 1915 zum Leutnant zur See befördert. 1917 gelang ihm die Versetzung zur aufstrebenden U-Bootwaffe. Nach der U-Bootschule und der Wachoffizierszeit auf *U 39* und *UC 25* wurde er Kommandant von *UB 68*, 1918 im Mittelmeer versenkt. In Gefangenschaft geraten, verbrachte Dönitz des Rest des Krieges in einem britischen Kriegsge-

Kiel im Sommer 1939: Im Vordergrund sind rechts U 33 *(Kptlt. Wilhelm v. Dresky) und links* U 34 *(Kptlt. Rollmann) – beide vom Typ VII A – zu erkennen. Ganz links liegt* U 27 *(Kptlt. Franz) – ebenfalls vom Typ VII A und im Hintergrund haben* U 26 *(FKpt. Schomburg) und* U 25 *(OblztzS. Michel) – beide vom Typ I A – im Päckchen festgemacht. Alle fünf Boote gehörten zur 2. U-Flottille (U-Flottille Saltzwedel).*

U 9 *(Kptlt. Mathes) – Typ II A – von der 1. U-Flottille (U-Flottille Weddigen), aufgenommen 1937 in der Nordsee. Das Boot führt beiderseits des Turms als Traditionsboot von Weddigens* U 9 *das »Eiserne Kreuz«, das diesem Boot 1914 vom Kaiser verliehen worden war.*

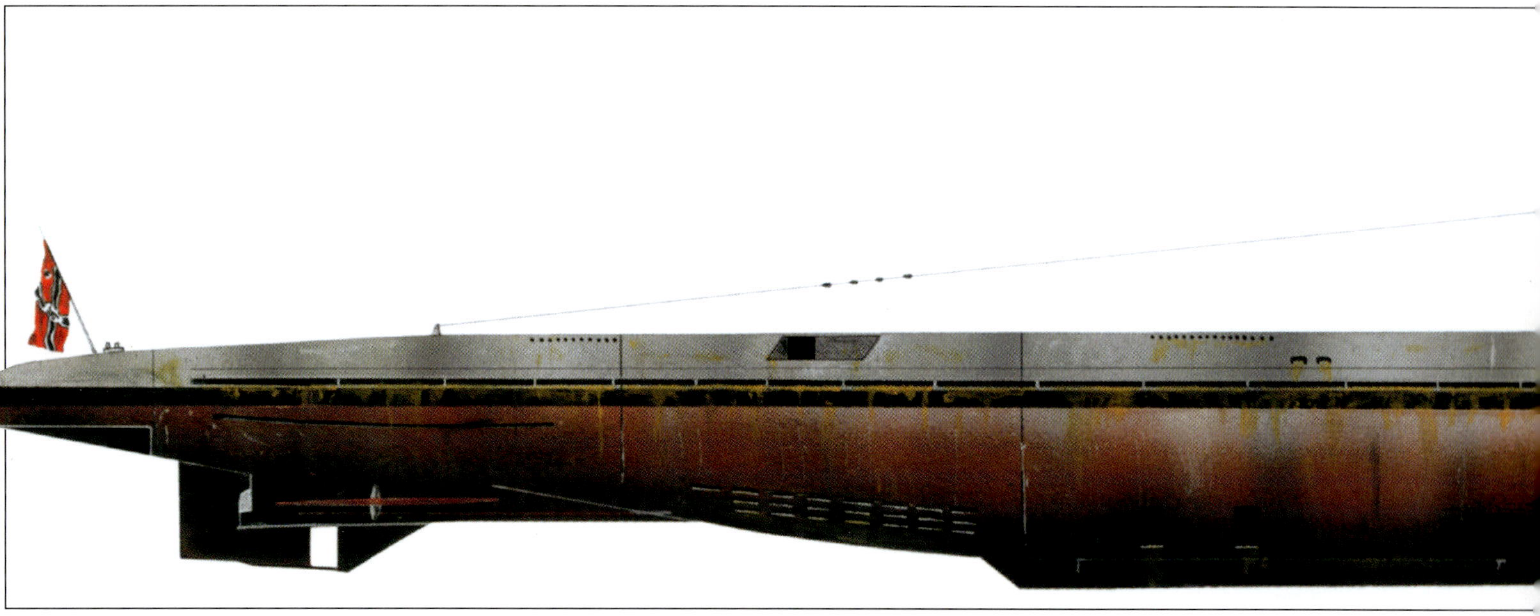

Der Typ I A

Mit einer Verdrängung von 862 t über Wasser wurde der Typ I A 1932 in die Aufbauplanung einbezogen. Typboot war das türkische IvS-Boot GÜR (ex-span. *E 1*). Seine Leistungsfähigkeit muß eher als mangelhaft bezeichnet werden und infolge seiner geringen Größe konnte dieser Typ mit den im Atlantik vorherrschenden schweren Bedingungen nicht fertig werden. Die beiden Einheiten dieses Typs entstanden 1935/36 bei der Deschimag in Bremen. *U 25* und *U 26* fanden bis 1940 als Schulboote Verwendung. Am 3. August 1940 sank *U 25* durch einen eigenen Minentreffer nördlich von Terschelling in der Nordsee (49 Tote). *U 26* sank am 1. Juli 1940 in einem Gefecht mit der britischen Korvette GLADIOLUS und einem australischen Flugboot im Nordatlantik. Der Typ I A wies eine Länge von 72,4 m sowie eine Verdrängung unter Wasser von 983 t auf und hatte 43 Mann Besatzung. Seine Bewaffnung bestand aus vier Bug- und zwei Hecktorpedorohren mit insgesamt 14 Torpedos sowie ähnlich dem Typ IX aus einem 10,5-cm-Geschütz vorn und einer 2-cm-Flak auf dem Kommandoturm.

Der Typ II

Aus dem IvS-Entwurf CV 707, der späteren VESIKKO, für Finnland entwickelt, waren die 12 Einheiten vom Typ II (je sechs vom Typ II A und II B) die ersten von der Kriegsmarine zwischen Juni und September 1935 in Dienst gestellten U-Boote. Mit 25 Mann Besatzung und mit 40,9 - 43,97 m Länge hatte das relativ kleine Boot eine sehr begrenzte Seeausdauer.
Seine Höchstgeschwindigkeit betrug über Wasser 12 - 13 kn sowie 6,9 - 7,4 kn unter Wasser. Die Bewaffnung bestand aus drei Bugtorpedorohren mit fünf Torpedos (oder je nach Typ 12 - 18 Minen) sowie zeitweise einer 2-cm-Flak. Mit Dieselantrieb betrug die Fahrstrecke bei 12 kn 1050 sm (II A), 1800 sm (II B), 1900 sm (II C) bzw. 3450 sm (II D). Die Tauchtiefe lag bei 80 m. Insgesamt wurden vom Typ II 50 Boote gebaut: 6 vom Typ II A, 20 vom Typ II B, 8 vom Typ II C und 16 vom Typ II D. Diese U-Boote operierten hauptsächlich in der Nordsee (auch mit Erfolg gegen britische Zerstörer) und in der Ostsee (als Schulboote bzw. gegen die Sowjetmarine), einige auch im Schwarzen Meer. Das berühmteste Boot vom Typ II war Kretschmers *U 23*.

1937: **U 25** ***bei einer Übung in der Ostsee. Der Typ I A war als Tauchboot zur atlantischen Verwendung entworfen worden. Am 3. August 1940 sank das U-Boot, das statt Torpedos auch bis zu 42 Minen je nach Typ mitführen konnte, unter dem Verlust der gesamten Besatzung durch einen eigenen Minentreffer in der Nordsee.***

1938: Ein U-Boot vom Typ II C bei Übungen in der Ostsee.

fangenenlager bei Sheffield, ehe er ein Jahr später nach Deutschland zurückkehrte. Nach dem Kriege war er als Kapitänleutnant Kommandant eines Torpedobootes, hatte Landkommandos und wurde 1928 Korvettenkapitän.

In dieser Zeit teilte Dönitz die Ansicht der meisten europäischen Marinetaktiker, die den großen Überwasserschiffen den Vorzug gaben und auf diese Weise die Lehren des 1. Weltkrieges ignorierten. Doch allmählich änderte sich seine Auffassung, als er die entscheidende Rolle erkannte, die Unterseeboote in einem kommenden Krieg spielen konnten.

Am 28. September zahlte sich seine Zähigkeit aus, als er das Kommando über die neugeschaffene U-Bootwaffe erhielt, der zukünftigen Speerspitze der Kriegsmarine. Die Verdrängung der flinken U-Boote war auf 250 t begrenzt, aber dies entmutigte die Entschlossenheit von Dönitz nicht, der sich mit Begeisterung und großem Erfolg in seine neue Aufgabe stürzte und seine Männer zu einem hohen Grad an Einsatzbereitschaft führte. Zu dieser Zeit hatte er das Kommando über die erste neue U-Flottille, die den Namen »Weddigen« trug, um an den berühmten U-Bootkommandanten des Ersten Weltkrieges zu erinnern.*

U 1 ***vom Typ II A war das erste einsatzfähige Unterseeboot der Kriegsmarine. Am 29. Juni 1935 in Dienst gestellt, torpedierte das britische U-Boot HMS PORPOISE am 16. April 1940 das Boot südwestlich von Stavanger in der Nordsee.***

Die ersten Einheiten und die Ausbildung der Besatzungen

1936 zum Kapitän zur See und Führer der U-Boote ernannt, brauchte Dönitz weniger als ein Jahr, um einen voll ausgebildeten U-Bootverband zu schaffen. Das Ausbildungsprogramm dauerte sechs Monate. Jeder Kommandant mußte mit seiner Besatzung 66 Überwasser- und dieselbe Anzahl Unterwasserfahrten durchführen, ehe das Torpedoschießen an die Reihe kam. Die Auslese war so streng, daß von den jährlich 40 000 Rekruten der Marine nur 2000 Bewerber zu den Auswahlprüfungen an der Kieler U-Bootschule zugelassen wurden. Die Auswahl der Offiziere war sogar noch sorgfältiger. Nur die Bewerber mit den besten Examen (Abitur) wurden nach einer mörderischen Anzahl von psychologischen und physischen Prüfungen einschließlich der gefürchteten »Mutprobe« aufgenommen. Bei der letzteren hatte der Bewerber in jeder Hand ein unter Strom gesetztes Drahtende zu halten, wobei die elektrische Spannung langsam erhöht wurde. Hiermit sollte die Widerstandsfähigkeit jedes Bewerbers beurteilt werden, dessen Bewegungen und Reaktionen von zwei versteckten Kameras aufgenommen wurden. Die erfolgreichen Bewerber verbrachten anschließend als Seekadetten eine mehrmonatige Ausbildungszeit auf einem der Segelschulschiffe der Kriegsmarine, ehe sie zur Offiziersausbildung die Marineschule Mürwik besuchten.

* Kapitänleutnant Weddigen, der Kommandant von *U 9*, versenkte am 22. September 1914 die britischen Panzerkreuzer HOGUE, CRESSY und ABOUKIR in der Nordsee.

Fünf Boote der 2. U-Flottille (U-Flottille Saltzwedel) mit dem U-Bootbegleitschiff SAAR, das Dönitz, der F.d.U., zuweilen als Führerschiff verwendete, aufgenommen 1937 im Hafen von Bremen. Die SAAR gehörte zur 2. U-Flottille und diente sowohl der Versorgung der Boote wie auch als Wohnschiff für die Besatzungen. 1937 bestand diese U-Flottille (KKpt. Ibbeken) aus 12 Booten (U 25 bis U 36). Auf dem Foto sind U 27 bis U 30 deutlich zu erkennen.

Ab 1936 führte Dönitz mit seinen U-Flottillen eine Anzahl von Übungen in See durch, um die Gruppen- oder Rudeltaktik – Nachtangriffe einer U-Bootgruppe über Wasser gegen einen Geleitzug – zu verbessern, für die bereits im 1. Weltkrieg gute Ansätze vorhanden waren. Im Mai 1939 verfeinerte eine mehrtägige Übung im Atlantik diese Taktik. Sie wurde insbesondere von Kretschmer vervollkommnet, der zu einem U-Bootas wurde, ehe er 1941 in Gefangenschaft geriet. Im Gegensatz zu seinen Mitkommandanten war Kretschmer der Überzeugung, daß ein U-Boot, das bei Nacht aufgetaucht in den Geleitzug eindrang, größeren Schaden anrichten konnte, als ein U-Boot, das von außerhalb einen Zweier- oder Viererfächer auf ein Ziel schoß. Daher griff Kretschmer im Geleitzug von achtern an und machte auf jedes Schiff einen Torpedo los, während er mit seinem Boot im Geleitzug mitfuhr.

Erich Raeder

Die Kriegsmarine wurde zu einem Zeitpunkt in den Krieg verwickelt, an dem ihre Überwasserflotte der Royal Navy nicht die Stirn bieten konnte.

Im Bewußtsein dieses Nachteils versuchte Admiral Raeder vergebens, Hitler von einem verfrühten Krieg abzuhalten. Er war überzeugt davon, daß die deutsche Marine noch weitere sieben Jahre brauchen würde, um die durch den Versailler Vertrag auferlegten Beschränkungen wettzumachen. Nach Raeders Auffassung war die Kriegsmarine imstande, es mit jeder anderen Flotte in Europa aufzunehmen, während ein frontaler Angriff auf die Royal Navy vermieden werden mußte.

Raeder, der Sohn eines Hamburger Lehrers, hatte die Ränge der Kaiserlichen Marine durchlaufen und mit Auszeichnung an der Skagerrakschlacht teilgenommen. Er wurde von Hitler sehr geachtet, der sein reifes Urteilsvermögen außerordentlich schätzte und ihm in seiner Aufgabe als Oberbefehlshaber der Kriegsmarine beträchtlichen Spielraum ließ.

Die Indienststellung der DEUTSCHLAND, eines Panzerschiffes von offiziell 10 000 ts, am 1. April 1933 wurde von Franzosen und Briten scharf beobachtet, die ihre Seeverbindungen als bedroht ansahen. Doch trotz Hitlers Machtübernahme ging der Aufbau der Kriegsmarine nicht so imposant und gründlich vor sich, wie sich dies Raeder gewünscht hätte.

Der Z-Plan

In der Erkenntnis, wie gefährlich dicht die deutschen U-Bootrudel daran waren, die Schlacht im Atlantik zu gewinnen, ist es hinterher zu einfach, um anzunehmen, daß die Kriegsmarine für den Beginn des Krieges bereit war. Nichts könnte weiter von der Wahrheit entfernt sein. Am 1. September 1939 legte Dönitz dem Ob.d.M. eine Denkschrift vor, in der er 300 Unterseeboote forderte, ohne die er einen U-Bootkrieg gegen Großbritannien und dessen Royal Navy nicht führen könnte.

Bereits im Januar 1939 hatte Hitler den im Herbst 1938 im OKM ausgearbeiteten Z-Plan für den Gesamtausbau der Flotte gebilligt – ein ehrgeiziges Bauprogramm, das Schlachtschiffe, Flugzeugträger und bis 1945 auch 229 U-Boote umfaßte. Raeder warnte Hitler, daß der Z-Plan erst 1946 seiner Verwirklichung entgegensähe – aber der Krieg kam sehr viel früher. Am 1. September 1939, als die deutschen Truppen in Polen einmarschierten und der 2. Weltkrieg begann, standen Dönitz 56 U-Boote zur Verfügung, von denen zehn als Schulboote dienten oder in Erprobung waren. Von den verbleibenden Frontbooten waren nur 22 atlantikfähig, während die restlichen infolge ihrer begrenzten Seeausdauer nur in der Nordsee operieren konnten.

Dönitz faßte die Lage so zusammen: *»Die ganz Welt glaubt, wir hätten Hunderte von U-Booten gehabt, die in jedem Seegebiet lauerten, und uns gefürchtet. Doch angesichts des Zustandes unserer U-Bootwaffe sahen wir eher wie ein zahnloser Löwe aus, der schreckenerregende Blicke um sich warf.«*

Auch bei den Alliierten war dies genau der Fall!

Die »Wölfe« sind los! (1939/40)

Von den 300 U-Booten, die Dönitz gefordert hatte, waren am 1. September 1939 nur 56 einsatzbereit. Zu diesen Booten gehörte auch *U 30*, geführt von Fritz-Julius Lemp, einem 26jährigen Oberleutnant zur See. Etwa 250 sm vor den Hebriden südlich der Rockall-Bank kreuzend, befanden sich Lemp und seine

November 1939:* U A *(vorn) und* U 30 *(Typ VII A) in Wilhelmshaven. Ursprünglich als BATIRAY für die Türkei gebaut, wurde* U A *am 21. September 1939 für die Kriegsmarine in Dienst gestellt. Beide Boote versenkten sich im Mai 1945 selbst.

Torpedoübernahme auf einem Boot vom Typ VII C. Der Torpedo gelangt durch das vordere Torpedoluk in den Bugraum.

Dezember 1939:* U 48 *(Kptlt. Herbert Schultze) vom Typ VII B gehörte zur 7. U-Flottille (U-Flottille Wegener) in Kiel und war das erfolgreichste U-Boot des 2. Weltkrieges (1 Sloop und 54 Handelsschiffe mit 322 292 BRT). Werftarbeiter bringen eine Bugverstärkung an, um Eisschäden zu verhindern.

1939: Ein U-Boot vom Typ IX B auf der Werft A.G. »Weser« der Deschimag in Bremen im Bau.

Ein U-Boot auf der Germaniawerft in Kiel im Bau. Das Foto zeigt einen Teil des Druckkörpers, der beim Tauchen einem hohen Wasserdruck widerstehen mußte. Die Verwendung von Hochfestigkeitsstahl ermöglichte den U-Booten Tauchtiefen bis zu 200 m, beim Typ VII C/41 sogar bis 250 m, ohne zerstört zu werden.

Besatzung am 3. September 1939 auf Wartestellung in Alarmbereitschaft, ungeduldig auf den Befehl zum Beginn der Feindseligkeiten wartend. Etwa 100 sm von *U 30* entfernt hatte das britische Passagierschiff ATHENIA (13 581 BRT) gerade die nördlichste Spitze Irlands gerundet und steuerte mit stetigen 10 kn einen südwestlichen Kurs.

Unter den britischen Passagieren an Bord der ATHENIA befanden sich auch 316 amerikanische Bürger, die erleichtert darüber waren, in die Neue Welt in dem Augenblick zurückzukehren, da sich über Europa die Kriegswolken zusammenzogen. Am selben Tag hatte der britische Botschafter in Berlin um 09.00 Uhr der deutschen Reichsregierung ein Ultimatum überreicht, in dem der Rückzug der deutschen Truppen aus Polen gefordert wurde. Die deutsche Seite lehnte diese Forderung ab, woraufhin um 11.00 Uhr mit Großbritannien der Kriegszustand eintrat.

Kurze Zeit später gingen bei Lemp die folgenden beiden Funksprüche ein: »Beginn der Feindseligkeiten mit England sofort.« Und: »Handelskrieg der U-Boote zunächst gemäß Operationsbefehl.«

Dies bedeutete Anwendung der Prisenordnung mit der Maßgabe, Passagierschiffe nicht anzugreifen. Gegen französische Handelsschiffe sollte nicht vorgegangen werden. Kurz nach 19.00 Uhr sichtete der Ausguck auf *U 30* einen großen Dampfer, der Zickzackkurs fuhr. Aufgrund der irrigen Annahme, es handelte sich um einen Hilfskreuzer – und ohne sich weiter mit der Identifizierung des Schiffes abzugeben – tauchte Lemp zum Unterwasserangriff. Um 19.45 Uhr befahl er, einen Torpedofächer zu schießen. Einer der Torpedos traf die ATHENIA an Backbord achtern nahe dem Heck. Das getroffene Schiff bekam sofort 6° Schlagseite. Eine halbe Stunde nach der Detonation des Torpedos tauchte Lemp auf. Er hatte entgegen der auf internationalem Recht beruhenden Prisenordnung ein ziviles Passagierschiff versenkt und den Tod von 122 Zivilisten verursacht, darunter 22 Amerikaner. Die Versenkung der ATHENIA löste weltweit Empörung aus, besonders in den Vereinigten Staaten.

Aus der Befürchtung heraus, die Deutschen wären wieder zur Taktik des 1. Weltkrieges zurückgekehrt und hätten gegen die britischen Seeverbindungen den uneingeschränkten U-Bootkrieg begonnen, befahl Churchill die Einführung des Geleitzugsystems, um die Handelsschiffe besser gegen die U-Bootbedrohung zu schützen.

Die britische Admiralität war hinsichtlich der atlantischen Schiffahrtswege außerordentlich besorgt, über deren Hauptrouten jährlich etwa 55 Millionen ts an lebenswichtigen Nahrungsmitteln und Rohstoffen in britische Häfen gelangten. Der exponierteste Sektor waren die Westlichen Zugänge zu den Britischen Inseln: die Western Approaches. Hier bündelten sich die Handelsrouten nach Großbritannien.

Am 14. September 1939 errang die Royal Navy ihren ersten Erfolg mit der Versenkung des von Kapitänleutnant Glattes geführten *U 39*. Doch am 17. September lief *U 29* (Kptlt. Otto Schuhart) in den Western Approaches der britische Flugzeugträger HMS COURAGEOUS zufällig über den Weg. Schuhart tauchte und schoß einen Fächer aus drei Torpedos, die den 22 500 ts großen Träger mittschiffs trafen. Eine Viertelstunde später sank das Schiff unter dem Verlust von 514 Offizieren und Mannschaften.

November 1939 in Wilhelmshaven: Großadmiral Raeder, der Oberbefehlshaber der Kriegsmarine, und Konteradmiral Dönitz, der Befehlshaber der U-Boote (vom rechts im Bild), begrüßen Kapitänleutnant Otto Schuhart.

Am 17. September 1939 torpedierte U 29 (Kptlt. Otto Schuhart) vom Typ VII A den britischen Flugzeugträger COURAGEOUS vor den Hebriden. Der Träger bekam rasch Schlagseite, ehe er mit 514 Angehörigen seiner Besatzung eine Viertelstunde später sank.

Nach dem Fall Polens warb Hitler um einen »Kompromißfrieden« mit Großbritannien, aber sein Vorschlag wurde von Chamberlain sofort zurückgewiesen.

Die deutsche Reaktion sollte scharf und plötzlich erfolgen.

Am 13./14. Oktober 1939 gelang es *U 47*, einem Boot vom Typ VII B, geführt von Kapitänleutnant Günther Prien, sich in die Höhle des Löwen zu wagen: dem Ankerplatz der Royal Navy in der Bucht von Scapa Flow in den Orkney-Inseln/Schottland – und das Schlachtschiff ROYAL OAK mit seiner Besatzung von 833 Mann zu versenken. Nach einem intensiven Studium der britischen Verteidigungssysteme war das Unternehmen von Dönitz selbst geplant worden. Den 31jährigen Prien, einen ehemaligen Handelsschiffsoffizier, der 1933 in die Reichsmarine eingetreten war, hatte Dönitz aufgrund seiner bisherigen ausgezeichneten Leistungen persönlich ausgewählt. Am 13. Oktober stand *U 47* vor den Orkneys und legte sich den ganzen Tag über auf Grund. Am Abend des 13. tauchte das U-Boot auf und lief langsam in das Fahrwasser des Kirksundes ein, der zum Ankerplatz führte.

Eine laute Detonation

Hierzu schrieb Prien im Kriegstagebuch von *U 47* unter dem Datum des 14. (im Auszug):

»0027 Wir sind in Scapa Flow!!! Es ist widerlich hell. ... Südlich Cava liegt nichts. ... dementsprechend nach B.B. kehrt gemacht. Unter der Küste nach Norden gelaufen. Dort liegen zwei Schlachtschiffe, weiter unter Land Zerstörer vor Anker. Kreuzer nicht auszumachen. Angriff auf die beiden Dicken. Abstand 3000 m. Eingestellte Tiefe 7,5 m. Aufschlagzündung.

0116 Ein Schuß auf den nördlichen, zwei Schuß auf den südlich liegenden losgemacht. Es detoniert nach gut 3½ Minuten ein Torpedo an dem nördlich liegenden Schlachtschiff. Von den anderen beiden ist nichts zu sehen! Kehrt!

Kapitänleutnant Günther Prien inmitten der Besatzung von U 47 wenige Tage nach dem Scapa-Flow-Unternehmen. Im Bild rechts von ihm OblzS. Engelbert Endraß, der damalige I. Wachoffizier; er fiel am 21. Dezember 1941 als Kommandant von U 567.

***U 47** (Typ VII B) 10 Tage nach dem Scapa-Flow-Unternehmen zurück in Kiel. Auf dem Turm – mit dem »Stier von Scapa Flow« – Kptlt. Prien; im Bild rechts von ihm LtzS. v. Varendorf, der II. Wachoffizier.*

0121 Heckschuß, im Bugraum sind zwei Rohre nachgeladen, rum! 3 Bugschüsse. Nach je knappen drei Minuten nach den Abschüssen die Detonationen auf dem näherliegenden Schiff. ... Jetzt wird es im Hafen lebendig, Zerstörer haben Lichter...«

Minenkriegführung

Mitte Oktober 1939 nahm die deutsche Marine ihre Offensive gegen den britischen Schiffsverkehr wieder auf. In die Zugänge zu den britischen Häfen wurden Magnetminen gelegt. In der Anfangsphase des Krieges hatte die deutsche Seite dies bereits einmal mit verheerender Wirkung unternommen. Die deutsche Magnetmine war eine tödliche Waffe, ausgelöst durch das Magnetfeld eines unmittelbar darüber fahrenden Schiffes. Auch in der Themse-Mündung lagen Minen und zwei Frachter sowie ein großer Tanker fielen ihnen zum Opfer. Die deutsche Minenoffensive behinderte den britischen Schiffsverkehr erheblich, besonders in den Küstengewässern. Anfang 1940 verstärkte die deutsche Seite die Minenoffensive entlang der englischen Ostküste beträchtlich – bis Mitte Februar gingen etwa 100 Handelsschiffe durch Seeminen verloren.

Zunehmender Schutz der Geleitzüge

Großadmiral Raeder versuchte etwa um diese Zeit, Hitler zu überzeugen, daß die U-Boote die Geleitzüge gegen das Ende ihrer Überfahrt nahe der amerikanischen Küste angreifen sollten. Doch Hitler verweigerte dem Vorschlag infolge der wahrscheinlichen Auswirkung auf die öffentliche Meinung Amerikas seine Zustimmung. Allein im Februar verloren die Alliierten 25 000 BRT an Handelsschiffsraum, zwei Drittel davon gingen auf das Konto von zehn U-Booten. Die britische Taktik, die Seegebiete durch Kriegsschiffe überwachen zu lassen, hatte sich nur als Teilerfolg erwiesen; seit Kriegsausbruch war lediglich ein Dutzend U-Boote versenkt worden.

Die britische Admiralität erkannte klar, daß der einzige Weg, die U-Bootgefahr wirksam zu bekämpfen, darin bestand, das Geleitzugsystem völlig umzustrukturieren und den Schutz der Geleitzüge zu verstärken.

***U 29** (Kptlt. Otto Schuhart) läuft im November 1939 in Wilhelmshaven ein. Die Versenkung des von vier Kreuzern gesicherten Flugzeugträgers HMS COURAGEOUS am 17. September 1939 war der erste große Erfolg der U-Bootwaffe gegen die Royal Navy. Einen Monat später versenkte Prien das Schlachtschiff HMS ROYAL OAK in Scapa Flow.*

***U 10** vom Typ II B im harten Winter 1939/40 in Wilhelmshaven. Das Boot führte damals ObltzS. Preuß.*

Torpedos

Der Großteil des Vernichtungspotentials eines U-Bootes bestand aus seinen Torpedos. Anfänglich hatte der Torpedo Preßluft als Antrieb, der ein verräterisches Kielwasser zurückließ: die Blasenbahn. Sie warnte oft den Gegener, so daß dieser Zeit für Ausweichmanöver hatte. Die Einführung des Elektromotors steigerte ihre taktische Verwendbarkeit, da sie fast keine Blasenbahn hinterließen. Doch es gab noch zahlreiche Funktionsstörungen, vor allem bei der launischen Gefechtspistole mit Magnetzündung, die jene mit Aufschlagzündung ersetzen sollte. Eine weitere Fehlerquelle war ungenügende Tiefensteuerung. Sie ließ den Torpedo unter seinem Ziel durchlaufen, bis er am Ende seiner Laufstrecke unterging. Der Gefechtskopf des Torpedos wurde durch eine kleine Vorrichtung scharf gemacht, ausgestattet mit einem Propeller, der nach Zurücklegen einer bestimmten Laufstrecke in Richtung Ziel die entsprechenden Umdrehungen ausgeführt hatte, um den Stift zu lösen, der den Schlagbolzen der Gefechtspistole freigab. Anfang 1942 wurde eine neue, verbesserte magnetische Abstandszündung in einem speziell entwickelten Torpedo mit Elektroantrieb frontreif, dessen Detonation durch das Magnetfeld eines Schiffes ausgelöst wurde und den Schiffskörper von unten aufriß. Am 1. September 1939 standen den U-Booten der Kriegsmarine zwei Torpedotypen zur Verfügung. Der eine Typ, der G7e, hatte elektrischen Antrieb mit einer Höchstgeschwindigkeit von 30 kn und hinterließ keine Blasenbahn. Der andere, der G7a, war schneller und hatte eine größere Laufstrecke, wurde aber durch Preßluft angetrieben. Alliierte Schiffe sichteten oft seine Blasenbahn und wichen ihm leicht aus. Seine Laufstrecke betrug 6000 m bei 44 kn, 10 000 m bei 40 kn und 20 000 m bei 30 kn. Im Kriege wurde eine neue Zusatzvorrichtung entwickelt, die den Torpedo in Kurven laufen ließ. Dies erhöhte seine Trefferwahrscheinlichkeit beträchtlich, wenn er in eine Gruppe von Schiffen geschossen wurde. Bei entsprechender Programmierung ging der Torpedo nach einem eingestellten Gradlauf in einen Kurvenlauf über: nach rechts bzw. links im Winkel von 90°, in längeren bzw. kürzeren Schleifen oder in einem vollen 180°-Winkel. Außerdem bot dies die Möglichkeit, ein Vorausziel mit den Heckrohren anzugreifen. Gewöhnlich lag die Geschwindigkeit des Torpedos etwas über der des angegriffenen Schiffes. Wenn dessen Geschwindigkeit nicht genau geschätzt werden konnte, schoß das U-Boot zwei Torpedos: den ersten mit einer höheren (ca. 2 kn) und den zweiten mit einer etwas geringeren Geschwindigkeit als das Schiff. Mit diesem Verfahren angegriffene alliierte Schiffe hatten kaum eine Chance des Entkommens. Die Möglichkeit, ein Ziel zu treffen, verdoppelte sich, wenn ein fehlgegangener Torpedo zurück in Richtung seines Zieles in den Schleifenlauf überging. Der Lauf eines Torpedos, kurz oder lang, wurde vor dem Losmachen eingestellt und seine programmierte Geschwindigkeit sollte etwas über der des angegriffenen Schiffes liegen. Weitere Verbesserungen ergaben sich bei der Torpedosteuerung: Zickzacklauf oder Achterschleifen. Am vielversprechendsten war der akustische Typ, der das Schraubengeräusch des Schiffes ansteuerte. Im Spätherbst 1942 kam dieses Projekt mit der Einführung eines Torpedos zur Verwirklichung, der eine Reichweite von 5 - 7 km besaß und Schiffe mit 7 - 13 kn Fahrt aus einem Winkel von 0° bis 180° angreifen konnte: der T 5 »Zaunkönig«. Nach dem Verlassen des Rohres nahm der Torpedo Kurs auf sein Ziel, während das U-Boot rasch in große Tiefe tauchte, um Schäden durch die Detonation auszuweichen. Das Schraubengeräusch ansteuernd, traf der Torpedo am Heck und zerstörte wichtige Bereiche wie die Ruderanlage und den Maschinenraum. Doch die Alliierten entwickelten schnell die Geräuschboje als Gegenmaßnahme; sie entwickelte ein ähnliches Geräusch wie die Schrauben und wurde von den Geleitfahrzeugen nachgeschleppt.

Lorient, August 1940: Vonbordgabe der Torpedos bei U 103 (KKpt. Victor Schütze), einem Boot vom Typ IX B. Ein Karren auf Schmalspurgleis bringt die Torpedos zum Torpedoregelungsdepot.

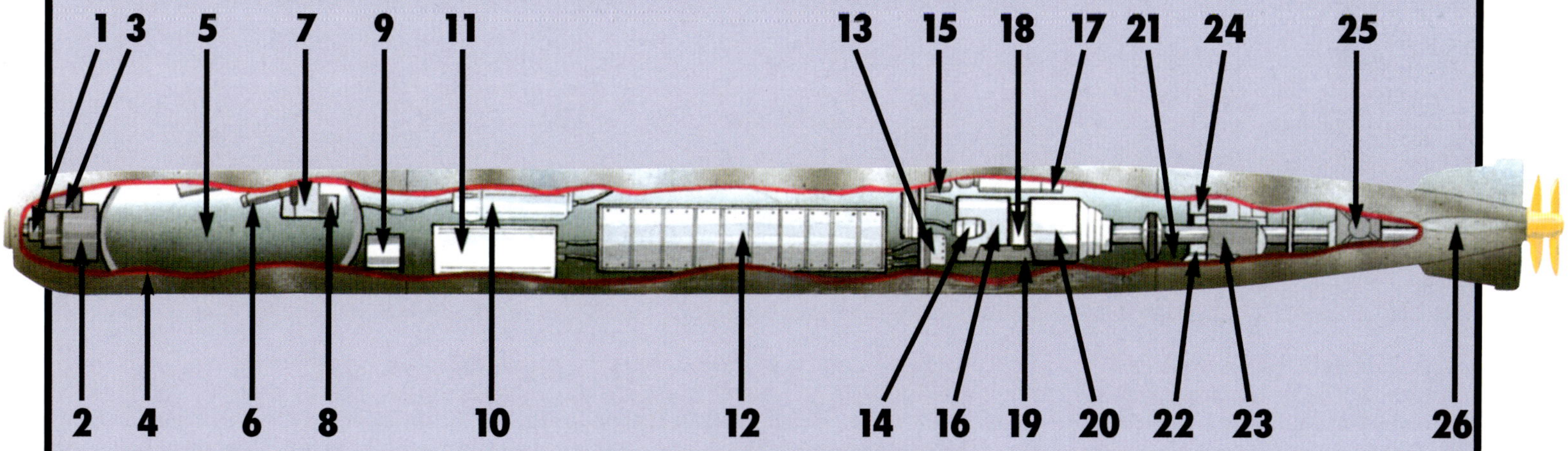

Der akustische Torpedo T 5 »Zaunkönig«

1 Horchkopf
2 Verstärker
3 Wärmesicherheitssystem
4 Magnetzündspule
5 Gefechtskopf
6 Entschärfvorrichtung
7 Inertialzündung
8 Auslösespule für Magnetzündung
9 Zündrelais
10 Verstärker für Magnetzündung
11 Luftkessel
12 36 Akkumulatorenbatterien
13 E-Motorhauptschalter
14 Batterieladevorrichtung
15 Anlaßhebel
16 Horchkopf-Netzanschluß
17 Horchkopf-Netzschalter
18 Widerstand für Magnetzündung
19 Anschluß für Magnetzündung
20 E-Motor
21 Sicherheitsschalter
22 Tiefeneinstellung
23 Gradlaufapparat
24 Einstellung für Magnetzündung
25 Gegenlaufgetriebe
26 Propeller- und Seitenruder-Steuerung

Ein U-Boot vom Typ VII im Trockendock in Brest. Die Silhouette des Typs VII war praktisch mit dem des Typs UB III aus dem 1. Weltkrieg identisch (siehe Foto Seite 6). Die Hauptunterschiede lagen in der Innenausstattung, vor allem der Funkausrüstung, die es den U-Booten gestattete, von ihren Operationsgebieten im Atlantik aus ständig mit dem B.d.U. in Verbindung zu bleiben. Rechts im Bild sind die geschlossenen Mündungsklappen der Bugtorpedorohre zu erkennen. Der stromlinienförmige Bootskörper trug neben den Tiefenrudern – in der Bildmitte das vordere an Steuerbord – erheblich zur guten Manövrierfähigkeit des Bootes bei.

U 30 *(Kptlt. Fritz-Julius Lemp) läuft am 7. Juli 1940 in Lorient ein. Dieses Boot war das erste von vielen deutschen U-Booten, die in dem späteren U-Bootstützpunkt bis zum Juli 1944 stationiert sein sollten.*

Das damals von Kptlt. v. Stockhausen geführte U 65 *vom Typ IX B lief als erstes deutsches U-Boot im August 1940 in Brest ein. Am 28. April 1941 wurde* U 65 *(Kptlt. Hoppe) mit seiner gesamten Besatzung von der britischen Korvette HMS GLADIOLUS durch Wasserbomben versenkt, als das Boot nördlich der irischen Küste den Geleitzug HX 121 angriff.*

November 1940 in Saint-Nazaire: **U 69** *(Kptlt. Metzler) vom Typ VII C rüstet zu einer weiteren Feindfahrt aus. Das Foto ist wenige Tage vor dem Auslaufen entstanden. Das Boot gehörte seit seiner Indienststellung am 2. November 1940 zur 7. U-Flottille in Saint-Nazaire. Am 17. Februar 1943 wurde* **U 69** *(Kptlt. Gräf) mit seiner gesamten Besatzung durch den britischen Zerstörer HMS FAME im Nordatlantik durch Wasserbomben versenkt.*

Das Norwegen-Unternehmen

Obwohl das Norwegen-Unternehmen für die deutsche Seite ein glänzender Erfolg war, brachte es die Schwächen der Kriegsmarine ans Licht. Sie erlitt schwere Verluste und ihre Leistungsfähigkeit hatten zahlreiche technische Mängel erheblich beeinträchtigt.

Ausgangspunkt dieser Rückschläge war die Unzuverlässigkeit des elektrisch angetriebenen neuen Torpedotyps mit Abstands(Magnet)-Zündung. Bei zahlreichen Gelegenheiten ließen Torpedoversager die U-Bootkommandanten, darunter auch Prien, im Stich, wenn sie mit Torpedos britische Kriegs- und Transportschiffe angriffen. Das Problem der Torpedoversager war so alarmierend, daß Raeder am 20. April 1940 eine besondere Torpedo-Kommission einsetzte, um die Funktionsstörungen zu beseitigen. Doch es vergingen immerhin zwei Jahre, bis völlig zuverlässige Torpedos dieses Typs zur Verfügung standen.

Daher ordnete Dönitz im Mai die grundsätzliche Rückkehr zum Torpedo mit Aufschlagzündung an. *U 37* (Kptlt. Oehrn) gelang es daraufhin im Juni, elf Schiffe mit insgesamt 43 000 BRT in 26 Tagen zu versenken.

Der Bruch der britischen Funkschlüssel

Im Gegensatz zu den Briten, die immer noch große Anstrengungen unternahmen, um die Geheimnisse der »Enigma«-Schlüsselmaschine zu enträtseln, war der deutsche B-Dienst lange vorher imstande, die verschlüsselten Funksprüche ihrer Gegner zu entziffern. Die britische Admiralität hatte Verschlüsselungsmaschinen abgelehnt und zog es vor, statt dessen das manuelle Kodebuch-System zu verwenden. Den Briten unbekannt, war der deutsche B-Dienst bereits 1936 in ihre Funkschlüssel eingedrungen und hatte seither die Funksprüche der Royal Navy weitgehend mitgelesen.

Im Verlaufe des Norwegen-Unternehmens hatte der xB-Dienst ca. die Hälfte der britischen Funksprüche entziffert. Diese Arbeit leistete MND III innerhalb der 2. Abt. der Skl. im OKM am Berliner Tirpitzufer. Jeden Monat bearbeitete der xB-Dienst ca. 2000 Funksprüche. Der Großteil davon befaßte sich mit Geleitzügen und versorgte die deutsche Seite mit wertvollen Informationen über alliierte Geleitzugrouten und Treffpunkte mit deren Sicherungen im Atlantik. Einzelfahrern erging es nicht

U 130 *(KKpt. Kals) vom Typ IX C im November 1940 in Lorient. Der längseits des Docks festgemachte Leichter hat Torpedos vom Typ G 7 für U-Boote an Bord. Dieser Torpedotyp hatte erhebliche Versager, besonders im Verlaufe des Norwegen-Unternehmens gegen französische und britische Kriegsschiffe und Transporter. Die Lösung dieser Probleme durch die Torpedoversuchsanstalt dauerte bis in das Jahr 1942 hinein. Neuartig waren Ende 1942 der FAT-Torpedo und im Herbst 1943 der T 5 »Zaunkönig«. Vom 1. September 1939 bis zum 30. November 1945 verschossen die deutschen U-Boote 37 756 Torpedos.*

Der Typ VII

Er stellte eine vergrößerte Version des IvS-Entwurfs »CV 707« VESIKKO dar. *U 27*, die erste Einheit des Typs VII A, stellte Mitte August 1936 in Dienst. Von diesem Typ wurden lediglich 10 Einheiten gebaut. Ihm folgte der Typ VII B mit 24 Einheiten, darunter *U 48*, das erfolgreichste U-Boot des 2. Weltkrieges (1 Sloop und 54 Schiffe mit 322 292 BRT). Daran schloß sich der Typ VII C an, der das Arbeitspferd der U-Bootwaffe wurde; von ihm wurden über 600 Boote gebaut. Daneben gab es noch die Minen-U-Boote des Typs VII D (6 Boote) und die Transport-U-Boote des Typs VII F (4 Einheiten), die 26 Torpedos befördern konnten. Der Typ VII C verdrängte 871 t unter Wasser, war 67,1 m lang und hatte eine Höchstgeschwindigkeit von 17,7 kn über und 7,6 kn unter Wasser. Tauchtiefe 100 - 200 m. Der Typ VII C/41 besaß einen verstärkten Druckkörper für eine Tauchtiefe von 120 - 250 m. Von deutschen U-Booten war bekannt, die sie gelegentlich bis zu 250 m tauchten, um alliierten Wasserbombenangriffen zu entgehen. Die Seeausdauer war 8500 sm bei 10 kn. An Bewaffnung führte dieser Typ 4 Bug- und ein Hecktorpedorohr (insgesamt 14 Torpedos) sowie anfangs noch ein 8,8-cm-Geschütz und eine 2-cm-Flak; später nur noch Flakbewaffnung wechselnder Zusammensetzung, ab 1944 eine 3,7-cm-Flak und vier 2-cm-Zwillings-Flaks. Die Besatzung bestand aus 44 - 56 Offizieren und Mannschaften.

Der Typ IX

Dieser Typ wurde aus dem Typ I A entwickelt. Mit 76,76 m bzw. 87,58 m (Typ IX D) Länge war dieses Tauchboot für ozeanische Verwendung weniger handlich als der Typ VII. Hinzu kam eine längere Tauchzeit. Typ IX A umfaßte 8 Einheiten. Ihm folgte der Typ IX B mit 14 Einheiten, später der Typ IX C (einschl. IX C/40) mit 143 Einheiten und schließlich der Typ IX D_1 (2 Boote), der Typ IX D_2 (28 Boote) und der Typ IX D/42 (2 Boote). Typ IX C verdrängte 1257 t unter Wasser (Typ IX D: 1799 t) und hatte eine Höchstgeschwindigkeit von 18,3 kn über und 7,3 kn unter Wasser. Die Seeausdauer war 13 850 sm bei 10 kn (IX D: 12 750 sm bei 10 kn). An Bewaffnung führte der Typ IX: 6 Torpedorohre (4 Bug-, 2 Heckrohre mit 22 – Typ IX D: 24 – Torpedos), ein 10,5-cm-Geschütz sowie eine 3,7-cm- und eine 2-cm-Flak (ab 1943/44 nur noch Flak). Besatzungsstärke: 48 (Typ IX D: 55 - 64) Offiziere und Mannschaften. Auf das Konto der Boote vom Typ IX kamen nicht nur zahlreiche versenkte Handelsschiffe sondern auch die Versenkung der Geleitträger USS BLOCK ISLAND am 29. Mai 1944 durch *U 549* (Kptlt. Detlef Krankenhagen) und HMS AVENGER am 16. November 1942 durch *U 155* (Kptlt. Adolf Piening) im Mittelatlantik.

Oktober 1940 in Saint-Nazaire: Korvettenkapitän Sohler, der Chef der 7. U-Flottille, schreitet die Front der zur Musterung angetretenen Besatzung von* U 99 *vor dem Auslaufen zur Feindfahrt ab. Hinter dem Flottillenchef Kptlt. Kretschmer, der Kommandant.

besser als Geleitzügen. Die wertvollen Daten wurden dann von der 3. Abt. der Skl. an den B.d.U. weitergeleitet. In dessen Stab wurde dann der Einsatz der U-Boote in den Western Approaches geplant. *»Angreifen und nochmals angreifen! Nicht abschrecken lassen, wenn das Boot vorübergehend abgedrängt oder gezwungen wird, in der Tiefe Schutz zu suchen. Den Geleitzug verfolgen, versuchen Fühlung zu halten und wieder angreifen!«* Dönitz im Juni 1940.

Prien befolgte Dönitz' Weisungen buchstabengetreu und nach der Rückkehr von Feindfahrt am 4. Juli 1940 nach Wilhelmshaven kamen auf das Konto von *U 47* 66 588 BRT alliierten Schiffsraums.

Neue Stützpunkte in Frankreich

Die Besetzung Norwegens, Dänemarks, Belgiens, der Niederlande und Frankreichs verschafften der Kriegsmarine neue Stützpunkte für ihre U-Boote, besonders in den großen Häfen an der französischen Atlantikküste, die den U-Booten gestatteten, ihren Operationsbereich außerordentlich auszuweiten. Verständlicherweise betrachtete dies Dönitz als einen beträchtlichen strategischen Vorteil:

»Die Kapitulation Frankreichs ist ein unschätzbarer Vorteil für unsere U-Bootwaffe. Wir sind nicht mehr auf das »Nasse Dreieck« der Nordsee beschränkt, das sich während des Großen Krieges als Hauptnach-

Der Torpedo G7e mit Magnetzündung. An seinem Kopf die Gefechtspistole.

Kptlt. Schepke genießt im Turm von* U 100 *beim Einlaufen in den Stützpunkt eine kurze Mahlzeit. Das Foto wurde Anfang 1941 aufgenommen, als das Boot zur 7. U-Flottille in Saint-Nazaire gehörte. Am 17. März 1941 versenkten die britischen Zerstörer HMS VANOC und WALKER* U 100 *durch Rammstoß und Wasserbomben im Nordatlantik. Es gab nur sechs Überlebende.

Dezember 1940:* U 29 *läuft aus Lorient zur Feindfahrt aus. Im Turm ist mit der weißen Mütze der Kommandant, Kptlt. Schuhart, zu erkennen.

teil erwiesen hatte. Die Besetzung der französischen Häfen wird es unseren U-Booten ermöglichen, schneller an den Gegner zu kommen.« Dönitz im September 1940 aus der Befehlsstelle des B.d.U. am Boulevard Suchet in Paris.

Am 7. Juli 1940 lief *U 30* mit langsamer Fahrt um 11.00 Uhr in den Hafen von Lorient ein. Von Kptlt. Fritz-Julius Lemp geführt, war *U 30* das erste U-Boot, das zur Wiederausrüstung einen Atlanikhafen anlief. Der U-Bootkrieg war in eine neue dramatische Phase eingetreten.

Weitere U-Boote folgten; im August lief *U 65* (Kptlt. Hans-Gerrit v. Stockhausen) in Brest ein, während weitere U-Boote ihre neuen Stützpunkte in Saint-Nazaire, La Pallice und Bordeaux aufsuchten. Nunmehr konnte der U-Bootkrieg in einem größeren Maßstab beginnen. Von ihren Stützpunkten an der Atlantikküste aus mußten die »Grauen Wölfe« nicht mehr die Nordsee durchqueren und unter den RAF-Flugzeugen Spießrutenlaufen, um ihre Einsatzräume zu erreichen.

Am 23. Juni 1940 hatten VAdm. Dönitz und sein Stab den Hafen von Lorient inspiziert und entschieden, U-Bootstützpunkte in den Häfen entlang der französischen Atlantikküste einzurichten. Der B.d.U. selbst bezog mit seinem Stab am 16. Oktober eine von der Kriegsmarine beschlagnahmte Villa bei Kap Kernevel an der Bucht von Lorient. Diese Befehlsstelle wurde das operative Führungszentrum für den Einsatz der U-Boote im Atlantik bis zum April 1942. Dann war Dönitz aus Sicherheitsgründen infolge des britischen Luftangriffs auf Saint-Nazaire gezwungen, seine Dienststelle nach Berlin zu verlegen.

U 100 ***im September 1940 auf dem Rückmarsch nach Lorient.***

Ebenfalls im Herbst 1940 verlegte die von Korvettenkapitän Hans Fischer geführte 2. U-Flottille nach Lorient.

Im Bewußtsein der Tatsache, daß seine Befehlsstelle und die französischen Häfen zunehmend den Angriffen der RAF-Bomber ausgesetzt waren, entschloß sich Dönitz, die U-Bootstützpunkte besonders zu schützen, und ließ (nach dem Vorbild von Helgoland) riesige Betonbunker bauen. Die Durchführung dieser Mammutaufgabe wurde der »Organisation Todt« übertragen, die den ersten U-Bootbunker in Lorient errichtete. Weitere Bunker entstanden später in Brest, Saint-Nazaire, La Pallice und schließlich in Bordeaux.

Als »Keroman I« und »Keroman II« bekannt, waren die ersten beiden Bunker im Oktober 1941 fertiggestellt. »Keroman III« stand Anfang 1943 zur Verfügung. Ein Heer von insgesamt 15 000 Arbeitssklaven (sog. »Fremdarbeiter«) aus mehreren europäischen Ländern wurde für das Gesamtprojekt eingesetzt. Der Stützpunkt von Lorient war groß genug, um 30 U-Boote aufzunehmen. Anfang Januar 1941 wurde ein ähnliches Projekt in Saint-Nazaire in Angriff genommen, wohin die von Korvettenkapitän Sohler geführte 7. U-Flottille im Oktober 1940 verlegt hatte.

In den Abmessungen 301 m x 120 m x 18 m boten die U-Bootbunker in Saint-Nazaire 14 U-Booten Schutz. Ihre Wände waren 3 m dick. Nur in den Endphasen des Krieges konnten alliierte Bomben die 4 m dicken Betondecken durchschlagen.

Am 30. Juni 1941 begrüßte VAdm. Dönitz das erste U-Boot, das in die U-Bootbunker von Saint-Nazaire einlief. Im Oktober 1941 verlegte die von Kapitänleutnant Herbert Schultze geführte 3. U-Flottille nach La Pallice; der Bau des U-Bootbunkers hatte gerade erst begonnen.

Infolge seiner südlichen Lage wurde der Hafen von Bordeaux von deutschen und italienischen U-Booten benutzt, nachdem Offiziere beider Länder die Örtlichkeiten im August 1940 besichtigt und entschieden hatten, dort einen gemeinsamen Stützpunkt einzurichten. Am 1. September 1940 bezogen KAdm. Angelo Parona und sein Stab ihre dem B.d.U. unterstellte Befehlsstelle BETASOM und im Laufe desselben Monats begannen die italienischen Unterseeboote einzutreffen. Zwischen September 1940 und der Kapitulation Italiens im September 1943 operierten 27 italienische Unterseeboote von Bordeaux aus. Sie führten 197 Feindfahrten durch und versenkten 97 alliierte Schiffe mit 526 976 BRT. Im November 1942 waren italienische Unterseeboote an der Rettung der Besatzungen von den im Atlantik versenkten Hilfskreuzern ATLANTIS und PYTHON beteiligt.

Im Oktober 1942 wurde Bordeaux der Stützpunkt der von Korvettenkapitän Klaus Scholtz geführten 12. U-Flottille, obwohl die U-Bootbunker zu diesem Zeitpunkt noch nicht fertiggestellt waren. Sie war weitgehend mit den U-Booten großer Seeausdauer vom Typ IX D_2 ausgestattet, die bis in den Indischen Ozean und nach Fernost operierten. Zur 12. U-Flottille gehörte auch das von Kptlt. Eitel Friedrich Kentrat geführte *U 196*, das 1943 im Indischen Ozean operierte und vier Schiffe versenkte, mit 225 Tagen in See die längste Feindfahrt eines Unterseebootes im 2. Weltkrieg.

Bordeaux diente auch als Stützpunkt der Versorgungs-U-Boote vom Typ XIV, im Marinejargon liebevoll als »Milchkühe« bezeichnet.

Mit dem Vormarsch der alliierten Truppen im Spätsommer 1944 nach den Landungen in Frankreich räumten die U-Boote ihre Atlantikstützpunkte und verlegten in norwegische Häfen.

Die »Fetten Jahre«

Im Verlaufe des Norwegen-Unternehmens wurden die U-Boote einer schweren Prüfung unterworfen und viele von ihnen mußten zur Ausbesserung oder Überholung in die Werft gehen. Die Zahl der Frontboote erlitt eine weitere Schwächung, als mehrere Boote zu Ausbildungszwecken abgezogen werden mußten. Im Sommer 1940 standen lediglich 40 Frontboote zur Verfügung und nur 14 von ihnen waren einsatzbereit – eine Tatsache, die vermutlich Großbritanniens Handelsmarine vor der Vernichtung bewahrte. Infolge ihrer geringen Anzahl mußten die U-Boote ihre Operationen auf die britischen Küstengewässer und die Western Approaches beschränken, bis es ihnen die Verfügbarkeit der französischen Häfen erlaubte, ihre Einsatzgebiete weiter hinaus in den Atlantik zu verlagern – außerhalb der Reichweite der britischen Geleitsicherungseinheiten.

Zwischen Juli und November 1940 begann sich das aggressive Können einer neuen Generation bestens ausgebildeter U-Bootkommandanten auszuzahlen. Dies war auch die Zeit, in der einige der großen »Asse«, wie Prien, Kretschmer, Schepke, Endraß, Schultze, Lemp und Ites, Berühmtheit erlangten – und zur Legende wurden. In Deutschland als Helden gefeiert, zierten ihre Bilder häufig die Titelseiten der Zeitschriften. Bald betrachteten alle im Reich Lorient als die »Brutstätte« für Asse. Mitte Juli führte Kretschmer sein *U 99* in die windgepeitschte Scorff-Mündung und überstand eine 19stündige ununterbrochene Wasserbombenverfolgung. Zwei Wochen später ging *U 99* wieder zu einer Feindfahrt in See, die die Alliierten 65 137 BRT an Handelsschiffsraum kosten sollte.

Von-Bord-Geben eines Torpedos aus einem U-Boot vom Typ VII B, das in Lorient festgemacht hat.

Angesichts dieser aufsehenerregenden Erfolge entschloß sich Dönitz, seine Taktik zu verbessern, und befahl seinen U-Booten die Durchführung von nächtlichen Überwasserangriffen im Geleitzug. Dies sollte sich reichlich bezahlt machen, vor allem da die Geleitzüge nur einen schwachen Schutz besaßen. Zum 1. September 1940 stieg die Zahl der Frontboote auf 57 Einheiten – die im ersten Kriegsjahr in Dienst gestellten 28 U-Boote glichen kaum die Verluste aus. Nach dem Scapa-Flow-Unternehmen Priens hatte Dönitz die Zustimmung Hitlers erhalten, daß der U-Bootbau Priorität erhielt. Doch in der Folge gab Hitler wieder den Planern im OKM nach, die es für erforderlich hielten, daß mehr Überwasserschiffe gebaut wurden. Eine Verknappung an Kupfer verschlimmerte das Problem noch. Dies erhöhte die Ablieferungszeiten von 19 auf 30 Monate. In der ersten Jahreshälfte 1940 erhielt Dönitz nur 13 der erwarteten 29 U-Boote. Doch zum Glück war die Royal Navy genauso unvorbereitet.

Im Juni 1940 lief Kptlt. Prien mit *U 47* zu einer erneuten Feindfahrt aus und gewann Fühlung an einem aus 42 Schiffen bestehenden Geleitzug, gegliedert in sieben Säulen zu je sechs Schiffen und gesichert durch fünf Zerstörer. Die BALMORAL WOOD, ein großer Frachter, beladen mit Flugzeugtragflächen und -rümpfen, fiel ihm als erstes Schiff zum Opfer. Im Laufe der Nacht zum 16. griff Prien einen anderen Geleitzug an und versenkte weitere drei Schiffe.

Am 17. Oktober 1940 stieß *U 47* auf den nach Großbritannien bestimmten Geleitzug HX 79 und hielt Fühlung, woraufhin vier weitere U-Boote – *U 38, U 46, U 48* und *U 100* – zu Priens *U 47* heranschlossen. In der Nacht vom 19./20. versenkten sie insgesamt 12 Schiffe. Mit den durch eine andere U-Bootgruppe zur gleichen Zeit aus dem Geleitzug SC 7 versenkten 21 Schiffen betrugen die alliierten Verluste 33 Schiffe mit insgesamt 154 661 BRT.

Die von Dönitz' U-Bootkommandanten in diesem Zeitraum erzielten Erfolge waren kein Einzelfall: im Juni 1940 waren es 58 Schiffe mit 284 113 BRT, im Juli 38 Schiffe mit 196 825 BRT, im August 56 Schiffe mit 267 618 BRT, gefolgt von 59 Schiffen im September und 63 im Oktober. Dieser beeindruckenden Siegesserie fielen sieben eigene U-Boote zum Opfer.

September 1940: Besatzungsangehörige von U 58 (Typ II C) in Brest. Das U-Boot hat gerade ein angeordnetes Prüfungstauchen durchgeführt. Die Männer genießen eine kurze Pause und entspannen sich zur Freude des Fotografen.

Im November 1940 mußten etwa 12 U-Boote in die Werft zur Überholung. Dies reduzierte die Anzahl der für Einsätze im Atlantik zur Verfügung stehenden Frontboote beträchtlich. Sie versenkten in diesem Monat nur 32 alliierte Schiffe mit 146 613 BRT.

Schlechtes Wetter, vor allem die über den Atlantik fegenden Winterstürme, trug ebenfalls dazu bei, die Operationen der U-Boote zu behindern. Im Dezember griffen die Boote von Kretschmer, H. Schultze und zwei weitere nur einen einzigen Geleitzug an, aus dem sie insgesamt vier Frachter versenkten.

In einer an das OKM gerichteten Denkschrift betonte Dönitz Ende Dezember die außerordentliche Bedeutung der Luftaufklärung für die U-Boote, um die Geleitzüge zu finden. Raeder gelang es, Generaloberst Jodl, den Chef des Wehrmachtführungsstabes, auf seine Seite zu ziehen, und am 7. Januar 1941 befahl Hitler der Luftwaffenführung, eine Gruppe Langstrecken-Aufklärungsflugzeuge Focke-Wulf FW 200 »Condor« der U-Bootführung zur Verfügung zu stellen, um das Finden des alliierten Schiffsverkehr zu unterstützen.

Doch die Ergebnisse waren enttäuschend. Infolge ihrer relativ kurzen Flugausdauer und geringen Anzahl waren diese Flugzeuge nicht leistungsfähig genug, um die von den Geleitzügen benutzten atlantischen Seeräume aufzuklären. Zudem war das System zum Heranführen der U-Boote alles andere als zuverlässig; oft genug waren die U-Bootgruppen nicht imstande, ihre Ziele zu finden.

Mussolini bot seine Unterstützung an und stellte 27 Unterseeboote zur Verfügung, aber diese Maßnahme erwies sich als wenig hilfreich, da die Besatzungen der italienischen Boote nur mangelhaft ausgebildet waren, während die Boote selbst – größer als der deutsche Typ VII – zu schwerfällig waren. Im Juli 1940 versenkten sie nur vier alliierte Schiffe mit 17 000 BRT im Vergleich zu den 250 000 BRT, welche die deutschen Boote in die Tiefe schickten. Dönitz zog daher die italienischen Boote aus den Western Approaches zurück und setzte sie im Seegebiet der Azoren ein.

Ein alliiertes Handelsschiff 1940 unter Artilleriebeschuß eines deutschen U-Bootes. Die Decksgeschütze wurden von den U-Booten in den ersten Phasen des Krieges oft zur Versenkung von Handelsschiffen eingesetzt, um kostbare Torpedos zu sparen. 1942 zwang jedoch die alliierte Luftüberlegenheit die U-Boote zunehmend, dieses bereits im 1. Weltkrieg erprobte Angriffsverfahren aufzugeben.

Ein Tanker verschwindet im Atlantik, vermutlich durch einen Torpedotreffer beschädigt und durch das aufgetauchte U-Boot mit Artillerie zum Sinken gebracht. Die Besatzungen der Tanker hatten bei einem U-Bootangriff nicht dieselben Überlebenschancen wie die Besatzungen großer Frachtschiffe. Das auf der Wasseroberfläche brennende Öl machte Rettungsoperationen nicht nur gefährlich, sondern ließ der Besatzung oft keine Chance.

November 1940: Nach einem Torpedotreffer ist ein britischer Frachter in zwei Teile zerbrochen. Der beengte Raum an Bord eines U-Bootes ließ im allgemeinen eine Rettung Überlebender nicht zu.

U 201 *(Typ VII C)* – *Kptlt. Schnee*

U 77 *(Typ VII C)* – *Kptlt. Schonder*

U 333 *(Typ VII C)* – *Kptlt. Cremer*

U 29 *(Typ VII A)* – *Kptlt. Schuhart*

U 3516 *(Typ XXI)* – *Kptlt. Wengel*

U 38 *(Typ IX A)* – *Kptlt. Liebe*

U 3015 *(Typ XXI)* – *Kptlt. Grau*

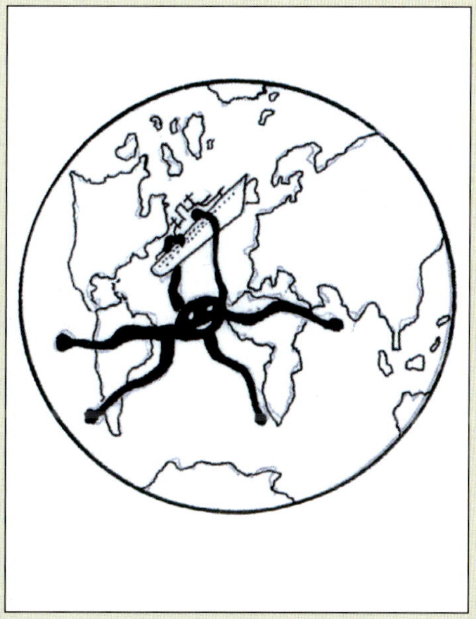

U 3027 *(Typ XXI)* – *Kptlt. Mehne*

DER TOTALE KRIEG

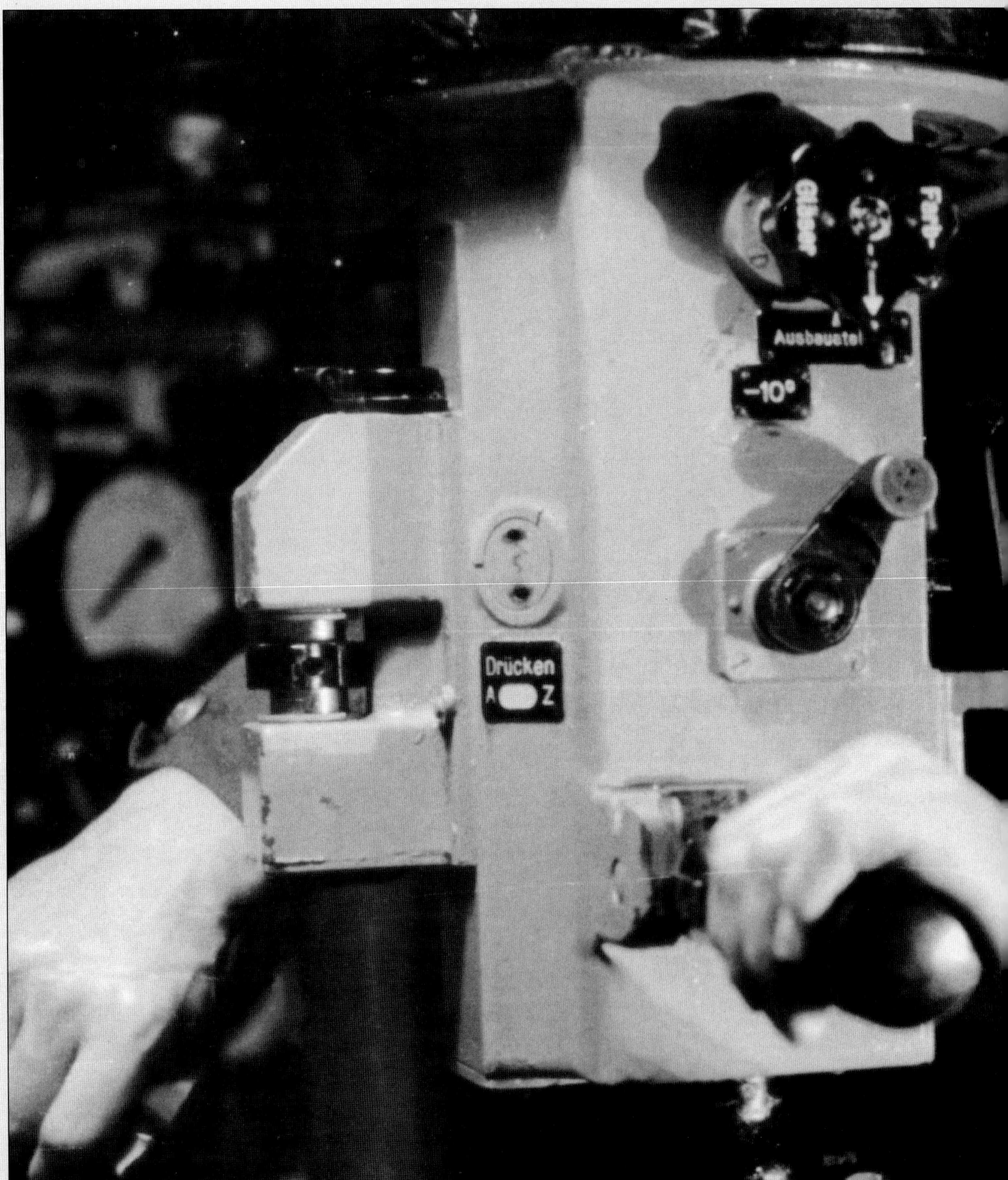

IM ATLANTIK (1941/42)

U 552 auf Feindfahrt im Atlantik. Der Kommandant, Kapitänleutnant Erich Topp, blickt durch das Angriffssehrohr. Das Foto ist unleugbar für offizielle Propagandazwecke inszeniert worden. Es zierte später eine Briefmarke des »Großdeutschen Reiches«. Sowohl das Angriffssehrohr als auch das Rundblicksehrohr befanden sich in der Zentrale, dem »Gehirn« des U-Bootes.

Mit zunehmend verheerenden Folgen griffen die »Wolfsrudel« bei Nacht an. Im Schutze der Dunkelheit sich nähernd und infolge ihrer niedrigen Silhouette zumeist unentdeckt operierend, schlichen sich die U-Boote in die alliierten Geleitzüge ein und versetzten ihnen immer wieder lähmende Schläge.

Wie das vor sich ging, beschreibt die Aussage eines britischen Handelsschiffskapitäns, der einen dieser Angriffe erlebte:

»Die deutschen Unterseeboote operieren jetzt bei Nacht. Infolge ihrer niedrigen Silhouette sind sie in der Dunkelheit fast unsichtbar. Durch ihre geringe Größe können sie Kollisionen vermeiden oder verschwinden schnell unter der Wasseroberfläche, wenn sie von Geleitsicherungsfahrzeugen entdeckt werden. Gegen dieses Angriffsverfahren ist unser Asdic ziemlich nutzlos. Außerdem sind die Sloops, Korvetten und bewaffneten Trawler unter den Bedingungen eines Nachtgefechtes ernsthaft behindert, um nicht zu sagen machtlos.«

Bis zum Ende des Jahres 1940 war die von Dönitz' »Wölfen« entwickelte Angriffstaktik so erfolgreich, daß die britischen Seeverbindungen nahezu durchtrennt waren.

Die Schlacht im Atlantik erreichte Ende Oktober 1940 einen ersten Höhepunkt, als Prien, Bleichrodt, Endraß, Schepke und andere die Geleitzüge SC 7 und HX 79 angriffen. Von den 30 mit amerikanischem Kriegsmaterial beladenen Schiffen des ersteren versenkten sie 21 Schiffe und aus dem letzteren mit 49 Schiffen zwölf.

Harte Rückschläge für die Kriegsmarine

Im März 1941 mußten sich die U-Boote weiter hinaus in den Atlantik wagen, um ihre Beute zu jagen. In den Nächten vom 6./7. und 7./8. März griffen Priens *U 47*, Kretschmers *U 99* sowie *U 70* (Kptlt. Matz) den Geleitzug OB 293 an. In der letzteren Nacht ortete der britische Zerstörer HMS WOLVERINE, unterstützt durch HMS VERITY, das U-Boot mit dem »Stier von Scapa Flow« und verfolgte es über fünf Stunden lang mit Wasserbomben. Um 05.19 Uhr ereignete sich eine heftige Unterwasserdetonation und das Echo des U-Bootes verschwand vom Asdic-Schirm. Die Torpedierung der ROYAL OAK war gerächt. Schon in der Nacht zuvor hatte *U 70* dasselbe Schicksal erlitten.

Zwei Wochen später griff Lemps *U 110* zusammen mit Kretschmers *U 99* und Schepkes *U 100* den nach Großrbitannien bestimmten Geleitzug HX 112 an. Der Zerstörer HMS VANOC erfaßte am 17. März *U 100* mit seinem Radar – erste erfolgreiche Radarortung eines U-Bootes – und rammte das Boot im rechten Winkel hinter dem Turm, wobei sein Bug in den Druckkörper schnitt. Zwischen Sehrohr und Turminnenseite eingeklemmt, wurde Schepke zerdrückt. Unmittelbar danach ortete der Zerstörer HMS WALKER mit dem Asdic *U 99*, griff es mit Wasserbomben an und zwang das erheblich beschädigte Boot zum Auftauchen. Bis auf drei seiner Männer kamen Kretschmer und seine Besatzung – im

Frühjahr 1941: Ausrüstung eines U-Bootes vom Typ VII C zur Feindfahrt in Brest. Rechts im Bild sind die beiseite gezogenen Tarnnetze zum Schutz gegen britische Luftangriffe zu erkennen.

Brest, April 1941: Ausrüstung eines U-Bootes vom Typ VII C zur Feindfahrt. Der gestapelte Proviant im Bild besteht im wesentlichen aus Zucker, Salz, Reis, Nudeln und Obstkonserven. In der feuchten Atmosphäre eines U-Bootes, die nach ein bis zwei Wochen in See herrschte, verdarb Frischproviant sehr rasch. Am leichtesten von allen verdarb Brot, das oft schimmelig war, wenn es auf die Back kam.

Saint-Nazaire 1941: Die Besatzung von **U 567***, eines Bootes vom Typ VII C, nimmt Proviant über. Kommandant dieses U-Bootes war damals Kptlt. Engelbert Endraß, der als Priens I. Wachoffizier in Scapa Flow dabei war. Insgesamt führte* **U 567** *zwei Feindfahrten durch. Auf seiner zweiten Feindfahrt griff das Boot am 21. Dezember 1941 nordostwärts der Azoren den Geleitzug HG 76 an. Hierbei fiel es nach der Versenkung des Geleitträgers AUDACITY selbst mit der gesamten Besatzung den Wasserbomben der Sloop HMS DEPTFORD und der Korvette HMS SAMPHIRE zum Opfer. Das Foto wurde kurz vor dem Auslaufen des U-Bootes zu seiner letzten Feindfahrt aufgenommen. Die mit der Proviantübernahme beschäftigten jungen Seeleute sehen wie Teenager aus. Ihre Kost bestand hauptsächlich aus Dosennahrung. Schwarzbrot, die Hauptnahrung der deutschen Seeleute, verdarb rasch. Versuche mit Brot in Dosen oder Zellophan verliefen erfolglos. Nach sechs Wochen in See mußten sich die Seeleute gewöhnlich mit Zwieback begnügen. Kartoffeln wurden in Netzen verstaut, aber auch sie verdarben in der feuchten Luft des Bootes schnell.*

Gegensatz zu Prien und Schepke – aus dem wegsackenden U-Boot heraus und gerieten in britische Kriegsgefangenschaft.

Damit wurden binnen 10 Tagen vier U-Boote vernichtet und drei der besten Kommandanten der U-Bootwaffe ausgeschaltet. Diese Nachricht hob die Moral der Briten erheblich.

Großbritannien steht allein gegen die U-Boote

Diese dramatische Wende zum Besseren in den Western Approaches ergab sich sowohl durch eine verbesserte Taktik bei der Geleitsicherung als auch durch eine größere Anzahl von Zerstörern, die nunmehr für Geleitsicherungsaufgaben zur Verfügung standen. Außerdem hatte die Lieferung von Flugbooten des Typs PBY »Catalina« durch die USA nach dem Pacht-Leih-Gesetz die Luftsicherung der Geleitzüge erheblich ausgeweitet.

Die Kaperung von *U 110* und der Einbruch in die deutschen Funkschlüssel

Am 9. Mai 1941 beschädigten britische Kriegsschiffe Lemps *U 110* schwer. Wasserbomben des Zerstörers HMS BULLDOG zwangen das U-Boot zum Auftauchen, während eine britische Korvette Sprengladungen auf das Boot warf und seine Besatzung in Panik versetzte. Halb erstickt durch die aus den beschädigten Akkumulatoren austretenden Dämpfe der Batteriesäure verließen die deutschen Seeleute ihr Boot gerade in dem Augenblick, als ein britisches Enterkommando auf das angeschlagene Boot sprang. Beim Versuch, zu seinem Boot zurückzuschwimmen, um es zu versenken, starb Lemp im Beschuß aus einer Maschinenkanone. Niemand konnte die Briten mehr daran hindern, eine unbeschädigte »Enigma«-Schlüsselmaschine, zwei zusätzliche Schlüsselwalzen, das Kriegstagebuch und wertvolles Geheimmaterial zu erbeuten. Unverzüglich nach London gebracht, führte diese Beute zusammen mit dem Geheimmaterial der MÜNCHEN (siehe unten) zum Einbruch in den Marinefunkschlüssel »Heimische Gewässer«, den die U-Boote im Atlantik benutzten. Damit waren die Briten jetzt imstande, die zwischen Dönitz und seinen U-Booten gewechselten Funksprüche zu entziffern.

U 47 *läuft im Januar 1941 zu einer weiteren Feindfahrt aus Saint-Nazaire aus. Zwei Monate später fielen Prien und seine Besatzung den Wasserbomben des britischen Zerstörers WOLVERINE vor der irischen Küste zum Opfer. Rechts im Bild steht KKpt. Prien im Turm seines Bootes.*

Ab Ende Mai 1941 wurde der Inhalt dieser entzifferten Funksprüche unter der höchsten Geheimhaltungsstufe – »Ultra« – an das Feindlagezentrum (OIC) der britischen Admiralität übermittelt. Obwohl diese Mitteilungen noch sehr dürftig waren, gelang es den Briten dennoch, einige Geleitzüge um die lauernden »Wolfsrudel« herumzuleiten.

Die Entzifferung des Funkverkehrs der U-Boote

Im Sommer 1941 wurden die U-Boote teilweise aus dem Nordatlantik abgezogen und mit anderen Aufgaben (z.B. im Mittelmeer) betraut. Dies halbierte das zur Führung des U-Bootkrieges erforderliche Offensivpotential. Mai und Juni 1941 brachten noch sehr gute Erfolge: 58 versenkte Schiffe mit insgesamt 325 492 BRT bzw. 61 Schiffe mit 310 143 BRT. Die Versenkungszahlen sanken jedoch im Juli und August auf 22 bzw. 24 Schiffe, als die Briten ihre Geleitzüge auf einem nördlicheren Kurs laufen ließen, um den Vorteil der Luftsicherung auszunutzen, die die nunmehr auf Island stationierten »Hudson«-Maschinen und »Sunderland«-Flugboote gewährten.

Im Gefolge des deutschen Angriffs auf die Sowjetunion schlossen die Briten in Moskau mit den Sowjets einen gegenseitigen Beistandspakt. Am 13. August 1941 verließ der erste durch Schiffe der Royal Navy gesicherte Geleitzug mit Kriegsmaterial und Versorgungsgütern Reykjavik und steuerte seinen Bestimmungshafen Archangelsk an der sowjetischen Nordmeerküste an. Für Dönitz war dies ein Schlag, denn er erkannte, daß der Einfall in die Sowjetunion letztlich den Erfolg der Schlacht im Atlantik gefährden würde. Der Sieg war eng mit der Anzahl der verfügbaren U-Boote verknüpft, und dies zu einem Zeitpunkt, als die Fertigungszahlen von 20 auf 14 Einheiten im Juli sanken. Die Zahlen sprachen für sich: 310 143 BRT an versenkten alliierten Schiffen im Juni, 94 209 BRT im Juli und 80 542 BRT im August. Dönitz und sein Stab waren der irrtümlichen Auffassung, daß die Ursache dieses Rückgangs die zunehmende Leistungsfähigkeit der britischen Geleitsicherung wäre. Dies traf nicht zu: Die Entzifferung des Funkverkehrs der U-Boote begann sich auszuzahlen.

Zum Einbruch in den Marinefunkschlüssel »Heimische Gewässer« führten zwei Ereignisse: Am 7. Mai 1941 brachten britische Kriegsschiffe überraschend das deutsche Wetterschiff MÜNCHEN bei Jan Mayen im Nordmeer auf, um Schlüsselmittel zu erbeuten. Hierbei fielen ihnen neben der »Enigma«-Schlüsselmaschine alle Schlüsselunterlagen einschl. des »Wetter-Kurzschlüssel 1940« in die Hände. Das Material gelangte wenige Tage später zu den Fachleuten der »Government Code & Cipher School« in Bletchley Park bei London. Zwei Tage später erfolgte die Kaperung von *U 110* (siehe oben).

Der Einbruch in die deutschen Schlüssel brachte für Bletchley Park eine arbeitsreiche Zeit. Wenn auch die entzifferten deutschen Funksprüche dem »Submarine Tracking Room« im OIC zunächst nur ein unvollkommenes Bild der U-Bootlage vermittelten, so erhielten Commander Roger Winn und seine Mitarbeiter jedoch wertvolle Einblicke in die Art und Weise, wie Dönitz seine U-Boote im Nordatlantik ansetzte.

Das Umleiten der Geleitzüge

In den nächsten Jahren gewannen die britischen Fachleute immer tiefere Einblicke in den deutschen Funkverkehr. Obwohl es Tage, Wochen und sogar Monate gab, in denen sie blind blieben, schafften sie schließlich ein zeitgleiches Mitlesen der Funksprüche. Daher waren immer häufiger die von Dönitz geplanten U-Bootansätze lange im voraus bekannt, so daß die Geleitzüge, falls erforderlich, um die Aufstellungen der U-Bootgruppen herumgeleitet werden konnten.

Um die U-Boote noch besser abwehren zu können, wurden ständige Geleitsicherungsgruppen gebildet und dicht um die Geleitzüge aufgestellt. Außerdem operierten diese in immer engerer Zusammenarbeit mit den Flugzeugen des »Coastal Command« der RAF, die jetzt in größerer Anzahl verfügbar waren und sich auf kleinere Sektoren konzentrieren konnten.

Die Kaperung von *U 570*

Am 27. August 1941 ortete eine »Hudson« des »Coastal Command« (Squadron Leader Thompson) *U 570* bei schlechtem Wetter und griff es mit Bomben an, die leichte Schäden verursachten. Daraufhin ergab sich der Kommandant, ObltzS. Rahmlow, mit seiner Besatzung, während der Bomber über ihnen kreiste. Infolge des groben Seegangs konnte das U-Boot erst am nächsten Tag durch herangeführte Zerstörer und bewaffnete Trawler übernommen werden. Die Briten hatten ihr erstes seetüchtiges U-Boot erbeutet. Seine genaue Untersuchung erbrachte, daß es einen stärkeren Druckkörper mit einer Widerstandsfähigkeit hatte, die zuvor nicht bekannt gewesen war. Er bestand aus 254 mm dicken Stahlplatten von einer Elastizität, daß sie in einer Tiefe von 152 m einem Wasserdruck von 14 ts pro Quadratzoll widerstehen konnten. Diese Feststellung veranlaßte die britischen Waffentechniker, für die Wasserbomben neue Druckzünder zu entwickeln, die auf Detonationstiefen bis zu 183 m

***Januar 1941: Torpedoübernahme durch* U 69.**

einstellbar waren. Als eine weitere Verbesserung wurde statt des TNT ein neuer und stärker wirkender Sprengstoff, das Torpex, eingeführt.

Der GREER-Zwischenfall

Am 4. September 1941 ortete der amerikanische Zerstörer USS GREER unterwegs nach Island das getauchte *U 652* (ObltzS. Fraatz) und gab die Position an ein britisches Flugzeug weiter, das Wasserbomben warf. In der irrigen Annahme von einem britischen Zerstörer angegriffen zu werden, schoß ObltzS. Fraatz zwei Torpedos auf seinen Verfolger, die fehlgingen. Daraufhin griff die GREER ihrerseits das U-Boot erfolglos mit Wasserbomben an. Der Vorfall verursachte in den USA beträchtlichen Aufruhr und Roosevelt beschuldigte Hitler, »den Versuch zu unternehmen, die Brücke der Schiffe zu zerstören, die die Amerikaner über den Atlantik zu bauen versuchten«.

Nach diesem Zwischenfall gab Roosevelt der US-Marine den sog. »Schießbefehl«: von nun an alle Handels-

Letzte Vorbereitungen auf* U 94 *(Kptlt. Kuppisch) vor dem Auslaufen zur Feindfahrt, vermutlich im Juni 1941 in Saint-Nazaire aufgenommen. Übernahme eines Torpedos G 7 durch das Torpedoluk in den Bugraum.

schiffe, ungeachtet der Nationalität, innerhalb der Panamerikanischen Sicherheitszone mit Waffeneinsatz zu schützen. Diese Zone hatten die USA im Juli 1941 bis 22° West ausgedehnt, d.h. sie schloß den größten Teil des Nordatlantiks einschl. Islands ein.

Am 9. September 1941 passierte der Geleitzug SC 42, bestehend aus 64 Schiffen mit amerikanischem Kriegsmaterial, dicht unter der grönländischen Küste. In den folgenden beiden Nächten vom 10./11. und 11./12. wurde er von acht durch die Geleitsicherung eingedrungenen U-Booten angegriffen und verlor insgesamt 16 Schiffe. Die anfänglich aus einem kanadischen Zerstörer und drei britischen Korvetten bestehende Geleitsicherung war völlig überfordert. Obwohl die Briten zwei U-Boote – *U 501* und *U 207* – versenkten, zeigte der deutsche Erfolg erneut, daß sich die »Rudeltaktik« sowohl in offensiver wie auch in defensiver Form auszahlte.

Dönitz' Offensive im Südatlantik: »Schneidet die Kap-Route ab!«

Mit Beginn des Jahres 1941 dehnten sich die Operationen der U-Boote in den Südatlantik aus, als die Anzahl der alliierten Geleitzüge, die über Kapstadt liefen, sprunghaft anstieg. Sieben U-Boote vom Typ IX operierten schließlich in diesem Seegebiet. Um eine frühzei-

1942: Ein U-Boot vom Typ VII während der Werftüberholung in La Pallice.

Artilleriewerkstatt zur Reparatur von U-Bootgeschützen in Lorient. Im Vordergrund Mittelpivotlafetten für die 3,7-cm-Flak und im Hintergrund 8,8-cm- und 10,5-cm-Geschützrohre.

tige Rückkehr in ihren Stützpunkt zu vermeiden, wurden sie in See von Hilfskreuzern und Etappenschiffen versorgt, die als harmlose Handelsschiffe getarnt waren. Doch den Briten war es im Herbst 1941 gelungen, ohne in den Funkschlüssel »Außerheimische Gewässer« einzudringen, auch die Treffpunkte zur Versorgung der U-Boote auf hoher See festzustellen. Am 22. November 1941 überraschte der britische Kreuzer HMS DEVONSHIRE den Hilfskreuzer ATLANTIS – *Schiff 16* – bei der Versorgung von *U 126* nördlich von Ascension. Ohne Warnung eröffnete der Kreuzer mit seinen 20,3-cm-Geschützen das Feuer und verwandelte das deutsche Schiff in ein sinkendes Wrack. Das zur Sicherheit weggetauchte *U 126* tauchte später wieder auf und rettete 305 Überlebende, sammelte sie in Rettungsbooten und schleppte die Boote zum Treffpunkt mit dem U-Versorger PYTHON.

Doch auch die PYTHON wurde am 1. Dezember 1941 bei der Versorgung von *U A* und *U 68* vom britischen Schweren Kreuzer HMS DORSETSHIRE überrascht. Fünf von *U A* geschossene Torpedos verfehlten den Kreuzer und schließlich versenkte sich die in Brand geschossene PYTHON selbst. Die beiden U-Boote sowie *U 124* retteten

Ein Schweißer arbeitet an der Verkleidung eines U-Bootes vom Typ VII C im Trockendock der Werft in Brest.

Bugschäden an einem Boot vom Typ VII C vermutlich als Folge einer Kollision mit einem Überwasserschiff. Die Heftigkeit des Aufpralls läßt sich gut vorstellen. Der untere Teil des Bugs wurde wahrscheinlich abgerissen. Daher sind die Torpedorohre 1 und 2 zu erkennen.

Lorient, Juni 1941: **U 124** *unter Führung von Kptlt. Wilhelm Schulz bei einem Erprobungstauchen. Das Oberdeck befindet sich bereits unter Wasser. Im Hintergrund sind zwei Minensuchboote vom Typ 1935 zu sehen.*

Mittelmeer, 25. November 1941: *Das Schlachtschiff HMS BARHAM fiegt nach einem Torpedotreffer des von Kptlt. v. Tiesenhausen geführten* **U 331** *in die Luft. HMS BARHAM war das zweite britische Schlachtschiff, das seit Kriegsausbruch von einem U-Boot versenkt wurde.*

die Überlebenden der beiden Besatzungen (414 Mann). Vier zur Unterstützung herbeigerufene italienische Unterseeboote brachten sie über 2500 sm bis Ende Dezember aus dem Südatlantik nach Saint-Nazaire.

Das Ende des ersten Südatlantik-Einsatzes

Diese beiden Ereignisse beendeten zunächst die Operationen der U-Boote im Südatlantik. Im Dezember betrug die Iststärke der U-Bootwaffe (einschl. Erprobung, Werft, Ausbildung) 250 Boote, aber die versenkte Tonnage lag nur bei 124 070 BRT (26 Schiffe). Die Briten hatten ihre Lektion gelernt und mit amerikanischer Unterstützung die Geleitsicherung erheblich verstärkt.

Am 14. Dezember 1941 entwickelte sich eine Geleitzugschlacht auf der Höhe der Straße von Gibraltar im Atlantik, die sich über mehrere Tage hinzog und mit dem Rückzug der U-Boote endete. Letztere versenkten nur zwei Frachter, verbuchten aber auch den Untergang des Geleitträgers HMS AUDACITY und zweier Geleitfahrzeuge auf ihrem Konto. Dieser Erfolg wurde teuer erkauft, denn u.a. ging *U 567* mit Kptlt. Endraß verloren, einem der gefeiertsten U-Bootkommandanten, der 22 Schiffe mit 128 879 BRT versenkt hatte.

Trotz dieses halben Fehlschlags entschloß sich Dönitz, an seiner bisherigen Taktik festzuhalten. Obwohl die Geleitzüge stärker gesichert waren als je zuvor, war er noch immer der Überzeugung, daß die »Rudelangriffe« der beste Weg wären, das Verteidigungssystem des Gegners aufzubrechen und bessere Ergebnisse zu erzielen.

Operationen im Mittelmeer und vor Norwegen

Im Oktober 1941 wurden zehn U-Boote ins Mittelmeer verlegt, um einen Beitrag zur Sicherung des Nachschubs für das Afrikakorps zu leisten. Zu diesem Zeitpunkt versetzte die britische Mittelmeerflotte den Schiffen der Achse so schwere Schläge, daß nur 30 % des dringend benötigten Nachschubs zu Rommels Streitkräften durchkam. Doch die zur Unterstützung des italienischen Verbündeten entsandten »Grauen Wölfe« erreichten nur magere Erfolge.

In der Nacht zum 13. November 1941 griffen *U 81* (Kptlt. Guggenberger) und *U 205* (Kptlt. Reschke) die britische *Force H* vor Gibraltar an. Hierbei torpedierte das erstere den Flugzeugträger HMS ARK ROYAL, der trotz aller Bemühungen seiner Besatzung nicht gerettet werden konnte und am nächsten Tag sank. Somit besaßen die Briten im Mittelmeer keinen einsatzfähigen Träger mehr, da sich HMS ILLUSTRIOUS und FORMIDABLE in den USA zur Überholung befanden. Malta war den Angriffen der Luftwaffe schutzlos ausgesetzt.

Am 25. November 1941 sichtete *U 331* (Kptlt. v. Tiesenhausen) das Schlachtschiff HMS BARHAM und zwei weitere Schlachtschiffe der britischen Mittelmeerflotte nördlich von Bardia. *U 331* schoß im Unterwasserangriff vier Torpedos, von denen drei das Schlachtschiff

Mittelmeer, 14. November 1941: Nach Torpedotreffern durch U 81 (Kptlt. Guggenberger) liegt die HMS ARK ROYAL mit starker Schlagseite gestoppt. Einer der Torpedos detonierte mittschiffs unterhalb der Insel und verursachte erhebliche Wassereinbrüche. Trotz aller Anstrengungen, den Träger ins nahe Gibraltar einzubringen, sank das Schiff, nachdem der Zerstörer HMS LEGION die Besatzung übernommen hatte.

Nur der Turm und die 3,7-cm-Flak ragen noch aus dem Wasser heraus.

Das U-Boot ist jetzt unter der Wasseroberfläche verschwunden. Lediglich das Rundblick- und das Angriffssehrohr (von links nach rechts) sind noch zu sehen.

trafen. In einer riesigen Explosion wurde das 31 000 t große Schiff in Stücke gerissen. Von den über 1300 Mann seiner Besatzung wurden nur 451 gerettet.

Wirksame Verteidigung

Schließlich versenkte am 15. Dezember 1941 *U 557* (Kptlt. Paulshen) den Kreuzer HMS GALATEA vor Alexandria.

Um jedoch im Mittelmeer zu Erfolgen zu kommen, mußten die U-Boote zunächst ein beängstigendes Hindernis überwinden: die Straße von Gibraltar. Zusätzlich zur Behinderung durch sehr starke Strömungen, besonders beim Einfahren vom Atlantik her, mußten sie durch die sehr wirksame britische U-Abwehr Spießruten laufen. Zudem waren die U-Boote für den Einsatz unter heißen Klimabedingungen nicht entworfen worden und besaßen daher nur ein sehr mangelhaftes Lüftungssystem.

Die Besatzungen, die im Atlantik immer wieder an Oberdeck entspannen konnten, stumpften durch das Leben in Hitze und ständiger Furcht vor Luftangriffen ab, ehe sie die relative Sicherheit ihrer Stützpunkte erreichten. Außerdem war das Wasser des Mittelmeers so klar, daß ein getauchtes Unterseeboot noch in über 30 m Tiefe zu erkennen war. Vom September 1941 an traten nach und nach 95 U-Boote den Verlegungsmarsch ins Mittelmeer an. Von ihnen mußten 12 Boote umkehren und fünf wurden noch im Atlantik versenkt. Von den 78 Booten, die in die Straße einfuhren, wurden sechs versenkt, sechs weitere schwer beschädigt und vier zur Umkehr gezwungen. Infolgedessen gab es auf dem Kriegsschauplatz Mittelmeer gleichzeitig nie mehr als 26 einsatzfähige U-Boote.

Verschlechterte Einsatzbedingungen

Doch so hart die Einsatzbedingungen im Mittelmeer auch waren, verglichen mit den klimatischen Verhältnissen im Nordmeer waren sie noch günstig. In der Arktis war das Wetter der schlimmste Feind der U-Boote. Eisiger Nebel und Gischt führten an Oberdeck und Turm zur Eisbildung, die infolge des zusätzlichen Gewichtes die Einsatzfähigkeit der U-Boote beträchtlich verschlechterten. Der einzige Vorteil, den die Arktis bot, war ein besonderes Phänomen: die Wasserschichten des Meeres, deren Temperaturen so unterschiedlich waren, daß Asdic-Ortungen nicht mehr ausgewertet werden konnten. Jedes zwischen zwei Wasserschichten operierende U-Boot war relativ sicher. Allerdings konnte infolge der schlechten Wetterbedingungen und der weniger zahlreichen Geleitzüge die insgesamt versenkte Tonnage an alliiertem

Der U-Bootbunker von Saint-Nazaire kurz nach der Fertigstellung.

Lorient, 26. November 1942: Der U-Bootbunker »Keroman« unter einem alliierten Luftangriff. Die am U-Bootbunker verursachten Schäden waren gering, da sie die U-Boote gegen jeden damaligen Typ alliierter Bomben schützten.

Schiffsraum in der Arktis nicht mit den großen Erfolgen im Atlantik verglichen werden.

Das ganze Jahr 1942 hindurch gingen Nachschub-Geleitzüge in die Sowjetunion, um die Rote Armee in ihrem Kampf gegen die deutschen Streitkräfte zu unterstützen. Der Seeweg in der Arktis stand offen. Die Geleitzüge liefen zunächst den eisfreien Hafen Murmansk an und wurden von da entlang der Kola-Halbinsel nach Archangelsk weitergeleitet. Bis Ende 1942 hatten 110 Schiffe die Reise in die Sowjetunion und wieder zurück durchgeführt. Sie lieferten 799 Jäger, 572 Panzer, 1404 Fahrzeuge und 100 000 ts sonstiger militärischer Güter ab. Die größte Bedrohung für die Geleitzüge auf der Murmanskroute waren nicht die U-Boote sondern die von nordnorwegischen Stützpunkten aus operierenden Überwasserschiffe.

Amerika greift in den Kampf ein

In der Nacht vom 14./15. Oktober 1941 sichtete *U 553* (Kptlt. Thurmann) den Geleitzug SC 48 (49 Schiffe) etwa 400 sm südwestlich von Island und nacheinander schlossen acht U-Boote heran. Am 16. Oktober verstärkte die amerikanische Geleitgruppe TU 4.1.4 mit den Zerstörern USS PLUKETT, KEARNY, GREER, LIVERMORE und DECATUR aufgrund einer »Ultra«-Meldung die Geleitsicherung auf 10 Einheiten. Trotzdem versenkten in der Nacht zum 17. Oktober *U 553* ein Schiff, *U 432* (Kptlt. Schultze) zwei Schiffe, *U 558* (Kptlt. Krech) drei Schiffe sowie *U 568* (Kptlt. Preuß) ein Schiff. Als die USS KEARNY Preuß die Steuerbordseite zeigte, schoß dieser in der Annahme, das Schiff wäre ein britischer Zerstörer, drei Torpedos, von denen einer den Maschinenraum traf. In der Nacht darauf ver-

U 201 vor dem im Bau befindlichen U-Bootbunker in Brest, aufgenommen vermutlich, als OblztS. Adalbert Schnee noch das Boot führte. Es gehörte zur 1. U-Flottille und fiel am 17. Februar 1943 unter Führung von OblztS. Rosenberg den Wasserbomben des Zerstörers HMS VISCOUNT ostwärts von Neufundland zum Opfer.

Saint-Nazaire, 30. Juni 1941: Unter Führung von Kptlt. Mützelburg lief U 203 als erstes U-Boot in den U-Bootbunker 1 ein. Bei der Einweihung waren VAdm. Dönitz und Dr. Todt anwesend.

U 108 vom Typ IX B während eines Prüfungstauchens vor Lorient, 1942 aufgenommen, als Kptlt. Wolfram das Boot führte. An der Vorderseite des Turms ist das Bootssymbol erkennbar: Ein Eisbär auf einer Eisscholle, der das Wappen der Stadt Danzig entfaltet. Das Boot versenkte sich am 24. April 1945 in Stettin selbst.

senkte *U 101* (Kptlt. Mengersen) noch den britischen Zerstörer BROADWATER. Danach brachen die U-Boote ihre Angriffe ab, als die Geleitsicherung noch weiter verstärkt wurde.

Am 31. Oktober 1941 sichtete *U 552* (Kptlt. Topp) im mittleren Nordatlantik den von US-Zerstörern gesicherten Geleitzug HX 156 und griff ihn an. Hierbei torpedierte das U-Boot den Zerstörer USS REUBEN JAMES mittschiffs. Er sank kurze Zeit später unter dem Verlust von 150 Mann seiner Besatzung. Nie zuvor waren die USA so nahe daran gewesen, in den Krieg einzutreten.

Neue Jagdgründe in amerikanischen Gewässern

Am 7. Dezember 1941 griffen Trägerflugzeuge eines japanischen Flugzeugträger-Kampfverbandes unter Führung von Vizeadmiral Nagumo völlig überraschend die in Pearl Harbor vor Anker liegende US-Pazifikflotte sowie die Militärflugplätze der Insel Oahu an. Dieser Angriff führte den sofortigen Kriegseintritt der USA herbei. Zum erstenmal konnte Dönitz U-Boote in die Küstengewässer der USA entsenden und die amerikanische Schiffahrt angreifen. Damit lief die deutsche U-Bootoffensive an der amerikanischen Ostküste unter dem Decknamen »Unternehmen Paukenschlag« an.

Hierfür standen Dönitz zunächst jedoch nur fünf der großen U-Boote vom Typ IX zur Verfügung: *U 123* (Kptlt. Hardegen), *U 130* (KKpt. Kals), *U 66* (KKpt. Zapp), *U 109* (Kptlt. Bleichrodt) und *U 125*

Der Typ X B

Der Typ X B war ein Minen-Tauchboot zur ozeanischen Verwendung, gebaut auf der Germaniawerft in Kiel. *U 116*, die erste von insgesamt acht Einheiten, wurde am 26. Juli 1941 in Dienst gestellt. Die Verdrängung unter Wasser betrug 2177 t. Dieser Typ besaß eine Höchstgeschwindigkeit über Wasser von 16,4 kn (max. 17 kn) und unter Wasser von 7 kn. Er hatte eine Seeausdauer von 18450 sm bei 10 kn. Seine Tauchtiefe lag bei 100 m (max. 200 m). Seine Bewaffnung bestand aus zwei Hecktorpedorohren (15 Torpedos), je nach Minentyp bis zu 66 Seeminen, einem 10,5-cm- (bis 1943/44), einem 3,7-cm-Fla- und einem 2-cm-Fla-Geschütz. Die Besatzungsstärke betrug 52 Offiziere und Mannschaften. Da auch der Typ IX zum Minenlegen fähig war, fanden diese Boote ab 1942 weitgehend als Versorgungs-U-Boote für den Typ VII Verwendung.

Italienische Seeleute halten auf dem oberen Turmteil eines Unterseebootes der PIETRO CALVI-Klasse Ausguck. Die Sehrohre der italienischen Unterseeboote waren mit einer Plattform für den Ausguck versehen. Eine Praxis, der auf deutscher Seite zu recht nicht gefolgt wurde; denn solche zusätzlichen Aufbauten vergrößerten die Tauchzeit eInes U-Bootes.

Das vordere 12-cm-Geschütz eines Unterseebootes der PIETRO CALVI-Klasse bei einem Übungsschießen. Größer als die deutschen U-Boote des Typs IX und X führten die Boote dieser Klasse zwei 12-cm-Geschütze vorn und achtern. Unterhalb des Rohres des vorderen Geschützes ist gerade noch das Rohr des achteren zu erkennen.

Rechts: 1941: Ein italienisches Unterseeboot der PIETRO CALVI-Klasse während der Überholung im Dock 1 der Werft in Bordeaux, dem italienischen U-Bootstützpunkt BETASOM.

Lorient, August 1941:* U 124 *vom Typ IX B läuft zur Feindfahrt aus. Am 3. April 1943 sank das Boot (seit September 1941: Kptlt. Mohr) nach einer langen Wasserbombenverfolgung durch die Fregatten HMS STONECROP und BLACK SWAN mit der gesamten Besatzung im Nordatlantik.

Brest, 1941:* *Ausrüsten eines U-Bootes mit Proviant zur Feindfahrt.

(Kptlt. Folkers). Später folgte eine zweite Welle mit nochmals fünf U-Booten nach, während 14 U-Boote vom Typ VII B/C im Seegebiet der Neufundland-Bank operierten. Trotz ihrer geringen Anzahl erzielten diese Boote in den ersten sechs Monaten der Offensive größere Erfolge als erwartet. Kapitänleutnant Hardegen schrieb im Kriegstagebuch von *U 123* folgende Sätze:

»Als U 123 vor dem Hafen von New York auftauchte, konnten Kommandant und Wachgänger auf dem Turm kaum ihren Augen trauen. Das Land befand sich im Krieg, und dennoch war seine größte Stadt so hell erleuchtet, daß ihre Lichter meilenweit zu sehen waren. Die Scheinwerfer der Autos, die auf der Küstenstraße fuhren, waren ohne Fernglas zu erkennen.«

Um Mitternacht am 13. Januar 1942 fiel der erste Schlag des Unternehmens »Paukenschlag«, als Hardegens *U 123* einen 10 000-BRT-Tanker torpedierte. Ehe das waidwunde Schiff sank, funkte es im Klartext noch einen kurzen SOS-Ruf: *»Von Mine getroffen südlich von Long Island.«* (Kriegstagebuch von *U 123*.)

Insgesamt fielen dieser Blitzoffensive der U-Boote entlang der 2000 sm langen Küste vom St.-Lawrence-Golf im Norden bis zum Golf von Mexiko im Süden mehr als 2 Millionen BRT an alliiertem Handelsschiffsraum

Saint-Nazaire, 7. April 1941: **U 552** ***(Kptlt. Erich Topp) läuft zum Angriff auf die alliierte Schiffahrt im Atlantik aus. Besatzungsangehörige stehen lässig vor dem Turm um das 8,8-cm-Geschütz herum. Beachte die dicke Lederbekleidung: das sog. »U-Bootpäckchen«. Auf der linken Seite ihrer Käppis (auch »Schiffchen«) tragen sie das Symbol ihres Bootes, das sich auch am Turm befindet: einer der beiden roten Teufel (Dämonen) mit der Fackel des Lichtes und des Todes.***

zum Opfer. Hierbei waren Tanker die bevorzugten Ziele der U-Boote. Am 18. Januar 1942 trug Korvettenkapitän Zapp, der Kommandant von *U 66*, nach der Versenkung des Tankers ALLEN JACKSON ins Kriegstagebuch ein:

»Statt nur einem sollten hier 20 U-Boote sein. Ich bin sicher, sie alle fänden mehr Ziele, als sie versenken könnten. Einige der 20 Dampfer, die uns über den Weg liefen, führten sogar noch ihre Positionslichter.«

Das Glück wandelte sich

Dieser Wandel des Glücks führte bei den deutschen U-Bootkommandanten, die an die Schwierigkeiten gewohnt waren, die im Atlantik das Herankommen an die stark gesicherten Geleitzüge mit sich brachten, zu einer Belebung. Die zahlreichen Frachter, die als Einzelfahrer liefen, erleichterten ihre Aufgabe genauso, wie die praktisch nicht vorhandene amerikanische Luftüberwachung. Viele der Kommandanten hatten das Gefühl, die »Glückliche Zeit« vom Herbst 1940 wäre zurückgekehrt. Um diesen Schwung aufrechtzuerhalten, mußten weitere U-Boote in die amerikanischen Gewässer entsandt werden. Doch da nicht genügend Boote des Typs IX zur Verfügung standen, ließ der B.d.U. ab dem 21. Januar 1942 noch eine aus acht Booten vom Typ VII bestehende zweite Welle zwischen der Neufundland-Bank und Neuschottland operieren.

Eine aus 15 U-Booten bestehende dritte Welle aus Booten vom Typ VII und IX kam ab dem 10. Februar 1942 zwischen Neufundland und Kap Hatteras zum Einsatz. Gleichzeitig ließ Dönitz ab dem 16. Februar 1942 das Unternehmen »Neuland« anlaufen: den Einsatz großer Boote vom Typ IX in den Gewässern der Karibik mit Angriffen gegen die Ölhäfen und den dortigen Schiffsverkehr. Die Angriffe auf Aruba (*U 156*), Curaçao (*U 67*) und Maracaibo (*U 502*) am 16. Februar führten zu erheblichen Schäden an den dortigen Industrieanlagen.

Doch die Amerikaner reagierten auf diesen Rückschlag, indem sie für den Einsatz in ihren Küstengewässern U-Jagdfahrzeuge in großer Zahl bauten, obwohl der verstärkte Einsatz von Flugzeugen zur Luftüberwachung die U-Bootgefahr besser bekämpft hätte.

Im Frühjahr 1942 konnten die Schiffsneubauten der Alliierten die von den U-Booten verursachten Verluste nicht mehr ausgleichen. Hierzu hatte die Offensive in den amerikanischen Gewässern viel beigetragen.

Ende 1942 standen Dönitz 403 U-Boote (einschl. Erprobung, Ausbildung, Werft) zur Verfügung; ein Drittel davon waren Frontboote. Von ihnen befanden 81 im Atlantik.

1. Mai 1941: Kameraden verabschieden* U 97 *(bis Mai 1942 unter Kptlt. Otto Heilmann – rechts im Bild) zur Feindfahrt. ObltzS. Engelbert Endraß, der damalige Kommandant von* U 46*, überreicht mit dem Hund im Arm eine Puppe und wünscht »Mast- und Schotbruch«.

Unten und rechts: Unter Führung von Kptlt. Kell läuft* U 204 *vom Typ VII C aus Brest aus. Beachte die 2-cm-Flak auf dem »Wintergarten«, der Verlängerung des Turmaufbaus nach achtern. Beiderseits des Turms ist eine Raute aufgemalt. Das Motto »...on les aura« – »Wir werden sie kriegen!« – (siehe Seite 72) kam später hinzu.

Die Zeit der »Milchkühe«

Anfang 1942 kamen die ersten großen Versorungs-U-Boote des neuen Typs XIV zum Einsatz, im Marinejargon wegen ihrer Zweckbestimmung als »Milchkühe« bezeichnet. Sie operierten ab April 1942 zur Versorgung von U-Booten im Seegebiet der Antillen, vor allem zwischen den Bahamas und Trinidad. Die Versorgung wurde an bestimmten Treffpunkten auf hoher See durchgeführt. Diese großen U-Boote konnten innerhalb von 14 Tagen zwölf U-Boote vom Typ VII und zwei vom Typ IX mit Treibstoff versorgen.

U 459, das erste Boot vom Typ XIV, wurde am 15. November 1941 in Dienst gestellt; sie sollten die von den Briten versenkten Überwasser-U-Bootversorger ersetzen. Der Typ XIV verdrängte unter Wasser 1932 t (max. 2300 t) und hatte neben vier Reservetorpedos, Proviant und Post zusätzlich etwa 500 - 700 t Dieselöl an Bord. Seine Bewaffnung bestand lediglich aus Fla-Geschützen (2 x 3,7 cm, 1 x 2 cm). Diese Boote konnten daher nicht offensiv eingesetzt werden. Zur Besatzung gehörte stets ein Bordarzt.

Das Meistern der U-Bootgefahr

Zwischen Ende April und Mitte Juni 1942 konnten 20 der 37 im West- und Mittelatlantik in See stehenden U-Boote etwa 4000 sm von ihren westfranzösischen Stützpunkten entfernt durch drei Versorgungs-U-Boote versorgt werden: *U 459* und *U 460* vom Typ XIV und *U 116* vom Typ X (eigentlich ein großes Minen-U-Boot – siehe oben Seite 42/43.

Gegen Ende des Sommers 1942 flauten die amerikanischen Verluste allmählich ab, als auch die US-Marine das Geleitzugsystem einführte. Die Amerikaner hatten endlich begriffen, daß der einzige Weg, um die U-Bootgefahr zu meistern, in der Sicherung der Geleitzüge bestand.

Besatzungsangehörige von* U 103 *vom Typ IX B (Kptlt. Winter) auf der Back des U-Bootes. Sie tragen Schwimmwesten und posieren offensichtlich während ihrer Freiwache vor der Kamera in einem noch gefahrlosen Seegebiet. Ende 1942 wurden solche Gelegenheiten infolge der alliierten Luftbedrohung seltener.

U 106 ***(Typ IX B) – Kptlt. Rasch***

U 107 ***(Typ IX B) – KKpt. Heßler***

U 552 ***(Typ VII C) – Kptlt. Topp***

U 100 ***(Typ VII B) – Kptlt. Schepke***

U 99 ***(Typ VII B) – KKpt. Kretschmer***

U 96 ***(Typ VII C) –***
Kptlt. Lehmann-Willenbrock

U 1013 ***(Typ VII C) – ObltzS. Linck***

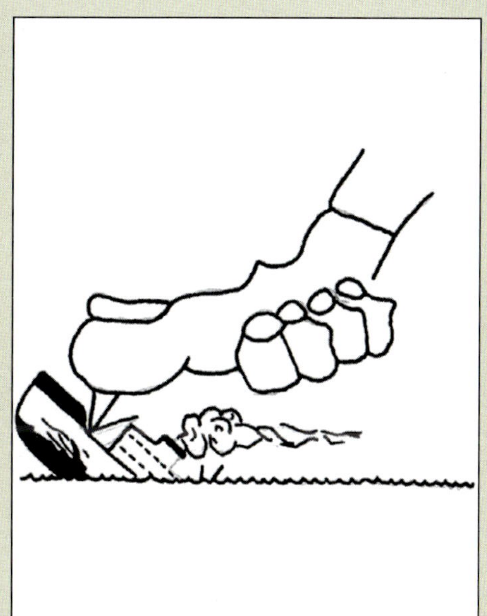

U 137 ***(Typ II D) – Kptlt. Wohlfahrt***

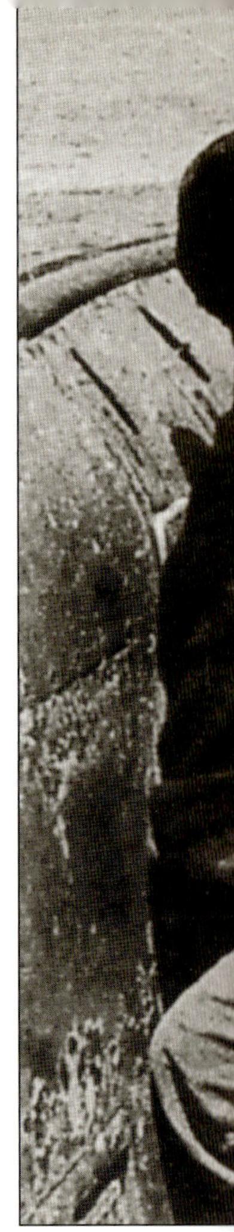

Oktober 1942: Im Inneren des Kommandoturms von U 86 (Typ VII B). Ein Wachoffizier hinter der UZO, der U-Bootzieloptik für das Nachtschießen, mit einem aufgesetzten Zeiss-Fernglas.

Winter 1942: Ein angeschnallter Ausguck in schwerer See an Bord eines U-Bootes vom Typ VII C, das sich auf Feindfahrt im Nordatlantik befindet.

Wachdienst an Bord von U 86 unter Führung von Kapitänleutnant Schug. Die Wachgänger halten Ausguck in ihren Sektoren nach gegnerischen Flugzeugen und Schiffen. Hierzu suchen sie unablässig den Himmel und die Kimm ab. U 86 vom Typ VII B ging am 29. November 1943 infolge von Bombentreffern durch Trägerflugzeuge des Geleitträgers USS BOGUE ostwärts der Azoren verloren. Es gab keine Überlebenden.

Blick auf das Vorschiff von U 552, geführt von Kptlt. Erich Topp, das sich hier 1941 bei schlechtem Wetter auf Feindfahrt im Nordatlantik befindet. U 552 versenkte sich am 2. Mai 1945 in Wilhelmshaven selbst.

Wachdienst bei schlechtem Wetter an Bord von U 103 (Kptlt. Winter) vom Typ IX B, aufgenommen im Herbst 1941. Zwei Jahre später war der Überwassermarsch von U-Booten bei Tage infolge der alliierten Luftbedrohung sehr viel gefährlicher geworden.

Rechts: U 103 (Kptlt. Winter) im April/Mai 1942 in amerikanischen Gewässern. Der Buchstabe »S« – die nordische Sig-Rune – beiderseits des Turms symbolisiert den Anfangsbuchstaben von KKpt. Victor Schütze, der dieses Boot bis zum August 1941 kommandierte. Drei Besatzungsangehörige sind mit der Wartung des 10,5-cm-Geschützes beschäftigt.

Der Bug von U 201 pflügt im April/Mai 1942 mit Kurs auf die amerikanischen Gewässer unverdrossen durch die rauhe See des Nordatlantik. Deutlich ist das 8,8-cm-Geschütz zu erkennen. Dieses Boot vom Typ VII C gehörte zur 1. U-Flottille in Brest und wurde von Kptlt. Adalbert Schnee geführt.

Auf Feindfahrt irgendwo im Nordatlantik: Der I. Wachoffizier von U 552 blickt durch das Angriffssehrohr.

Der Bugraum von U 203 während der Unterwasserfahrt.

Im Bugraum von U 203 (Typ VII C). Im Bild Torpedorohr 1. Im Oktober 1941 führte dieses Boot Kptlt. Mützelburg; es gehörte zur 1. U-Flottille in Brest.

Der Dieselraum eines Bootes vom Typ VII C. Der Typ IX B war im Gegensatz zum Typ VII C mit zwei stärkeren Dieselmotoren ausgerüstet; sie entwickelten je 2200 PSe.

Leben an Bord – Beschreibung

Vor dem 2. Weltkrieg und in der Anfangsphase des Krieges wurde das Unterseeboot im allgemeinen als ein Überwasser-Kampfschiff angesehen. Dönitz selbst widersprach der weitverbreiteten Auffassung, Unterseeboote wären ausschließlich für Unterwasseroperationen bestimmt, und vertrat die Ansicht, sie setzten ihre Tauchfähigkeit nur ein, um einem feindlichen Zerstörer oder Flugzeug zu entgehen oder um einen Torpedoangriff bei Tageslicht durchzuführen.

Unterseeboote hatten einen zweifachen Antrieb. Der Hauptantrieb bestand aus zwei starken Dieselmotoren, die dem Boot über Wasser eine Geschwindigkeit von etwa 17 kn verleihen konnten. Diese konnten jedoch beim Tauchen oder unter Wasser nicht mehr benutzt werden und statt ihrer lieferten jetzt Elektromotoren (E-Motoren) den Antrieb. Wenn ein Unterseeboot tauchte, wurden die Dieselzulufteinlässe geschlossen, wodurch die Sauerstoffzufuhr abgesperrt wurde. Eine Sauerstoffentnahme aus dem Bootsinneren zum Weiterbetrieb der Dieselmotoren würde zum Zusammendrücken des Bootes und zum Erstickungstod der Besatzung führen. Deshalb gingen die E-Motoren sofort an, sobald das Unterseeboot den Tauchvorgang begann. Durch Akkumulatoren-Batterien gespeist, deren jede mehrere Tonnen wog, trieben die E-Motoren (wie sie auch der Typ VII C hatte) das Boot mit einer Geschwindigkeit von etwa 8 kn unter Wasser an. Bei niedrigen Fahrtstufen lieferten die Batterien genug Strom, damit das Unterseeboot 24 Stunden unter Wasser bleiben konnte. Dies entsprach etwa einer Fahrtstrecke von 60 sm. Danach mußte das Boot auftauchen und seine Batterien über Wasser mit den Dieselmotoren wieder aufladen. Dieses Aufladen der Batterien dauerte zwei bis drei Stunden.

Der Hauptbestandteil eines Unterseebootes ist sein Druckkörper, der mit einem langen Stahlzylinder verglichen werden kann, unterteilt in Abteilungen durch wasserdichte Schotte. Aus Gründen der Bequemlichkeit, Gesundheit und Leistungsfähigkeit der Besatzung entspricht der Innendruck dem Luftdruck an der Wasseroberfläche. Sobald das Unterseeboot taucht, steigt der Außendruck durch das Wasser sehr rasch an. Daher ist seine Tauchtiefe auf ein Maß beschränkt, die noch ein sicheres Operieren gestattet, ohne daß das Boot zerstört wird. Bei einer Tiefe von etwa 150 m beträgt der Wasserdruck 15 kg/cm². Ist der Außendruck zu hoch, können Risse im Bootskörper entstehen, die das Wasser mit verhängnisvollen Folgen für das Unterseeboot einströmen lassen.

An der Außenseite des Druckkörpers befinden sich die Tauchzellen, die mit Ventilen (Klappen) ausgestattet sind, um Luft (Entlüftungsklappen oben) oder Wasser (Flutklappen unten) aus- oder einzulassen. Wenn die Tauchzellen mit Luft gefüllt sind, liefern sie genügend Auftrieb, um das Boot schwimmfähig zu halten. Werden beide Klappen gleichzeitig geöffnet, strömt das Wasser ein, drückt die Luft hinaus und verringert den Auftrieb derart, daß das Boot zu sinken beginnt. Um Auftrieb und Tauchtiefe zu regulieren, muß Wasser durch das Flutventil (Regelzelle) nach außen gepumpt werden. Zum Auftauchen wird nach dem Schließen der Entlüftungsklappen das Wasser aus den Tauchzellen mit Preßluft ausgeblasen. Die Tiefensteuerung erfolgt mit den Propellern, Trimmzellen und Tiefenrudern.

Die außen gelegenen Tauchzellen unterliegen nicht derselben Druckbelastung wie der Druckkörper; sie sind daher leichter gebaut. Im Tauchzustand mit Wasser gefüllt, besteht Druckausgleich, so daß sie in großen Tiefen nicht der starken Belastung wie der Druckkörper ausgesetzt sind.

Wie die Tauchzellen befinden sich auch die Brennstoffzellen außerhalb des Druckkörpers. Auch sie besitzen Entlüftungs- (oben) und Flutklappen (unten) sowie Ventile zur Brennstoffentnahme- und -übernahmeleitung. Der verbrauchte Brennstoff wird durch dieselbe Menge Wasser ersetzt, so daß die Bunkerzelle stets gefüllt ist. Leichter als Wasser schwimmt das Dieselöl immer oben. Beide können sich nicht vermischen. Daher kann kein Wasser in die Dieselmotoren gelangen. Außerdem bleibt durch die stets gefüllten Bunkerzellen der Trimmzustand erhalten, d.h. der Brennstoffverbrauch

Ein U-Boot vom Typ VII C während der langen Wasserbombenverfolgung durch einen britischen Zerstörer. Die schon sehr verbrauchte Atemluft, angereichert durch Batteriedämpfe, muß durch das Einatmen über Kalipatronen gereinigt werden, wobei die Maske und der heiß werdende Kasten unangenehm waren.

Der Horchraum auf U 552. Das passive Schallortungssystem ermöglichte es einem U-Boot, die Anwesenheit von Schiffen in seiner Nähe mit ziemlicher Genauigkeit festzustellen. Die Männer tragen aus Bequemlichkeit normale Zivilhemden.

Die Offiziersmesse auf U 552. Für Offiziere und Mannschaften war der Lebensraum an Bord über alle Maßen beschränkt. Zur Entspannung blieb kaum Zeit übrig. Im Bild die Einnahme einer Mahlzeit offenbar für die Kamera des Fotografen.

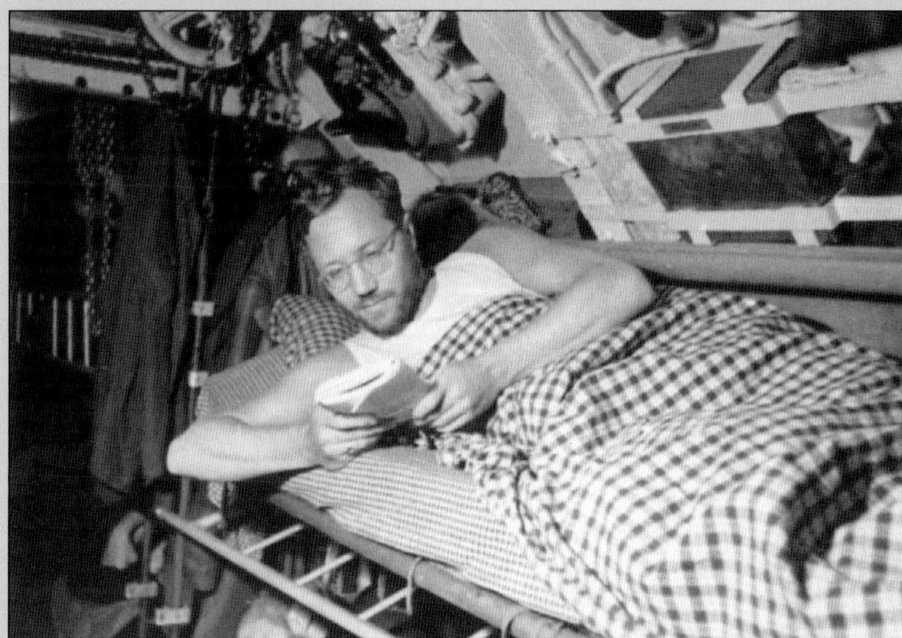

Freiwächter im Bugraum eines U-Bootes vom Typ VII C. Der Mann auf der unteren Koje scheint zu schlafen; eine seltene Gelegenheit an Bord, da der Seegang und das Wachegehen kaum Zeit zur Entspannung ließen. Außerdem nahmen bis 1942 die Alarme derart zu, daß die U-Boote eine Überwasserfahrt bei Tage vermeiden mußten. Der Bartwuchs läßt erkennen, daß das Boot noch nicht lange in See ist.

erzeugt keinen zusätzlichen – unerwünschten – Auftrieb, und die Bunkerzelle kann beim Schnelltauchen nicht bersten.

Die aus ca. 44 Offizieren und Mannschaften bestehende Besatzung eines U-Bootes vom Typ VII C lebte wochenlang unter beengten Verhältnissen. Maschinen, Ausrüstung, Torpedos, Proviant usw. beanspruchten auch den kleinsten freien Fleck. Frischproviant wurde in Reichweite verstaut, auch in der Regel dort, wo die Männer aßen und schliefen. War der Frischproviant verbraucht, blieb nur noch Dosennahrung. Sich mit Leibesübungen an Bord körperlich fit zu erhalten, war fast unmöglich. Es bestand keine Möglichkeit zum Umherlaufen und es gab kaum genug Platz, um ein wenig Gymnastik zu treiben. In See bestand die einzige Möglichkeit, frische Luft zu genießen, im Wachegehen oder wenn der Kommandant einzelnen seiner Männer gestattete, auf den Turm zu kommen – sofern dies das Wetter und der Gegner zuließen. Doch dies dauerte nie sehr lange.
Der Zugang von oben in das Boot war grundsätzlich nur über das enge Turmluk möglich, das nur für einen Mann genug Platz bot. Da die Vorschriften bestimmten, daß nur getaucht werden durfte, wenn die gesamte Besatzung im Boot war, konnten außer der Wache nur wenige Männer draußen sein – und diese Gelegenheiten waren selten.
Der Dienst an Bord wurde in Wachen verrichtet, normalerweise im Drei-Wachen-Turnus zu je vier Stunden. Das technische Personal ging zwei Wachen zu je sechs Stunden. Jeder Seemann teilte seine Koje mit einem Kameraden, der sie in seiner Freiwache übernahm. Bei Alarm oder Angriffen, angekündigt durch einen lauten Hupton, hatte sich jedes Besatzungsmitglied auf seiner Gefechtsstation zu melden.

Die Lebensverhältnisse waren unglaublich beengt. Die bereits vorgegebene Enge verwandelten Ausrüstungen jeder Art in ein Durcheinander von Hindernissen. Der zu Beginn jeder Feindfahrt zu verbrauchende Frischproviant füllte die Wohnbereiche und behinderte jede Bewegung der Männer. Der berüchtigte »U-Bootmief«, bestehend aus dem Geruch vermodernder Lebensmittel und Kleidung, dem Kochdunst sowie dem Gestank aus der Bilge, des Dieselöls und der Toilette, beherrschte alles.
In See wurde das Unterseeboot erheblich durch die Dünung beeinträchtigt, so daß es oft heftig taumelte. Es stampfte und rollte schwer und wurde im groben Seegang hin und her geworfen, da es sich infolge seiner geringen Größe nicht wie ein schwereres Schiff verhalten konnte.
Der Bugraum diente nicht nur als vorderer Torpedoraum sondern auch als Wohnbereich. In ihm war es so eng, daß die Männer weder stehen noch sitzen konnten, solange noch alle Torpedos an Bord waren. An ihn schlossen sich die Oberfeldwebel- und die Offiziersmesse an, ausgestattet jeweils mit seitlichen Kojen und einem Klapptisch in der Mitte. Hier wurden in der Regel die Kartoffelsäcke gestapelt. Der einzige Weg nach achtern führte am Kommandanten-, Funk- und

Horchraum vorbei durch die Zentrale in der Bootsmitte in den Unteroffiziersraum – auch U-Raum genannt – an der Kombüse entlang in den Diesel- und E-Maschinenraum zum Hecktorpedoraum.

Die Freiwache ruhte in ihren Kojen. Doch die härteste Beanspruchung unter diesen kaum erträglichen Verhältnissen war die stetige Gefechtsbereitschaft in Erwartung eines jederzeitigen Angriffs.

Hier ein Bericht von Kapitänleutnant Reinhard Suhren, dem Kommandanten von *U 564*, nach einer Feindfahrt in den südwestlichen Teil des Nordatlantiks:

»Vor dem Antritt einer Feindfahrt wurden unsere Vorratsräume mit Frischfleisch, Gemüse und Obst vollgestopft. Oft mußte auch eine der beiden Toiletten zur Unterbringung von Proviant benutzt werden. War der Frischproviant aufgebraucht, mußten wir uns mit Dosennahrung oder Dauerproviant begnügen. Doch ungeachtet der Art der Unterbringung schmeckte alles immer nach Dieselöl. Das größte Problem war das Brot, das in dieser Atmosphäre aus Feuchtigkeit und Ausdünstungen rasch vermoderte. Die Laibe sahen – überzogen mit haarigen Schimmelpilzen – wie Kaninchen aus. Wir schabten und schnitten das meiste weg, ehe wir aßen.«

Kapitänleutnant Erich Topp, Kommandant von U 552, unterzeichnet einen Funkspruch zur Übermittlung an den B.d.U., aufgenommen an Bord dieses Bootes im September 1941. Beachte das Schiffserkennungsbuch mit Nationalität und Einzelheiten jedes Handelsschiffes.

Szenen aus dem Leben an Bord

Abwasch in der Kombüse eines U-Bootes vom Typ VII C.

Brennstoffversorgung für zwei U-Boote vom Typ VII C. Bei dem Versorgungs-U-Boot vom Typ XIV handelt es sich wahrscheinlich um U 459 auf seiner ersten Feindfahrt im April 1942. Mehrere U-Boote warteten zu diesem Zeitpunkt auf Treibstoffergänzung. Eine solche Versorgung war infolge der alliierten Luftbedrohung gefahrvoll und mußte rasch durchgeführt werden. Das zur 4. U-Flottille gehörende U 459 führte damals KKpt. v. Willamowitz-Möllendorf. U-Boote vom Typ X führten zusätzlich Versorgungsaufgaben durch. Während seiner sechsten Feindfahrt wurde U 459 am 24. Juli 1943 nordwestlich von Kap Ortegal von zwei britischen Flugzeugen durch Bombentreffer versenkt. 19 Besatzungsangehörige fielen, der Rest geriet in Gefangenschaft. Bis Ende 1944 hatten die Alliierten dank »Ultra« in gezielten Aktionen alle Versorgungs-U-Boote versenkt.

Zusammentreffen mit einem Versorgungs-U-Boot auf hoher See zur Brennstoffergänzung.

Juni 1942: U 68 vom Typ IX C, geführt von KKpt. Merten, versorgt irgendwo im Atlantik ein italienisches Unterseeboot der PIETRO CALVI-Klasse. Ein Schlauchboot bringt Proviant zum italienischen Boot.

Ein U-Boot vom Typ XIV beim Versorgen.

November 1941: Der Hilfskreuzer KORMORAN versorgt U 124 auf hoher See. Ein sehr risikoreicher Vorgang, da sehr viel Zeit erforderlich ist, um Torpedos zu übernehmen. Im Bild wird ein Torpedo G 7 gerade durch das Torpedoluk in den Bugraum des U-Bootes verbracht.

U 124 (Kptlt. Johann Mohr) bei der Brennstoffergänzung aus dem U-Bootversorger PYTHON. Das Foto stammt vom 26. oder 27. November 1941. Der britische Kreuzer HMS DEVONSHIRE versenkte den Hilfskreuzer ATLANTIS am 22. November 1941. Danach rettete U 126 dessen Besatzung.

Links: Der Brennstoffschlauch wird an Bord des U-Bootes genommen, um seine Bunkerzellen zu füllen.

U 126 (Kptlt. Bauer) schleppt die Rettungsboote mit den Überlebenden der ATLANTIS. Eine Persenning ist über das vordere Boot gespannt, um die Insassen vor der Sonne zu schützen. Am 24. November stieß U 126 auf die PYTHON und übergab die Überlebenden.

Gerettete der ATLANTIS an Bord der PYTHON, aufgenommen am 24. November 1941. Die Männer sehen ziemlich vergnügt drein. Sie befinden sich an Bord eines deutschen Schiffes und können ihr normales Leben wieder aufnehmen, nachdem sie zwei Tage lang in Rettungsbooten umhergeworfen wurden. Zu diesem Zeitpunkt konnte niemand ahnen, daß die Besatzung der PYTHON ihr Schiff nur zwei Tage später selbstversenken mußte, um dem Schicksal der ATLANTIS zu entgehen: vom britischen Kreuzer DORSETSHIRE versenkt zu werden.

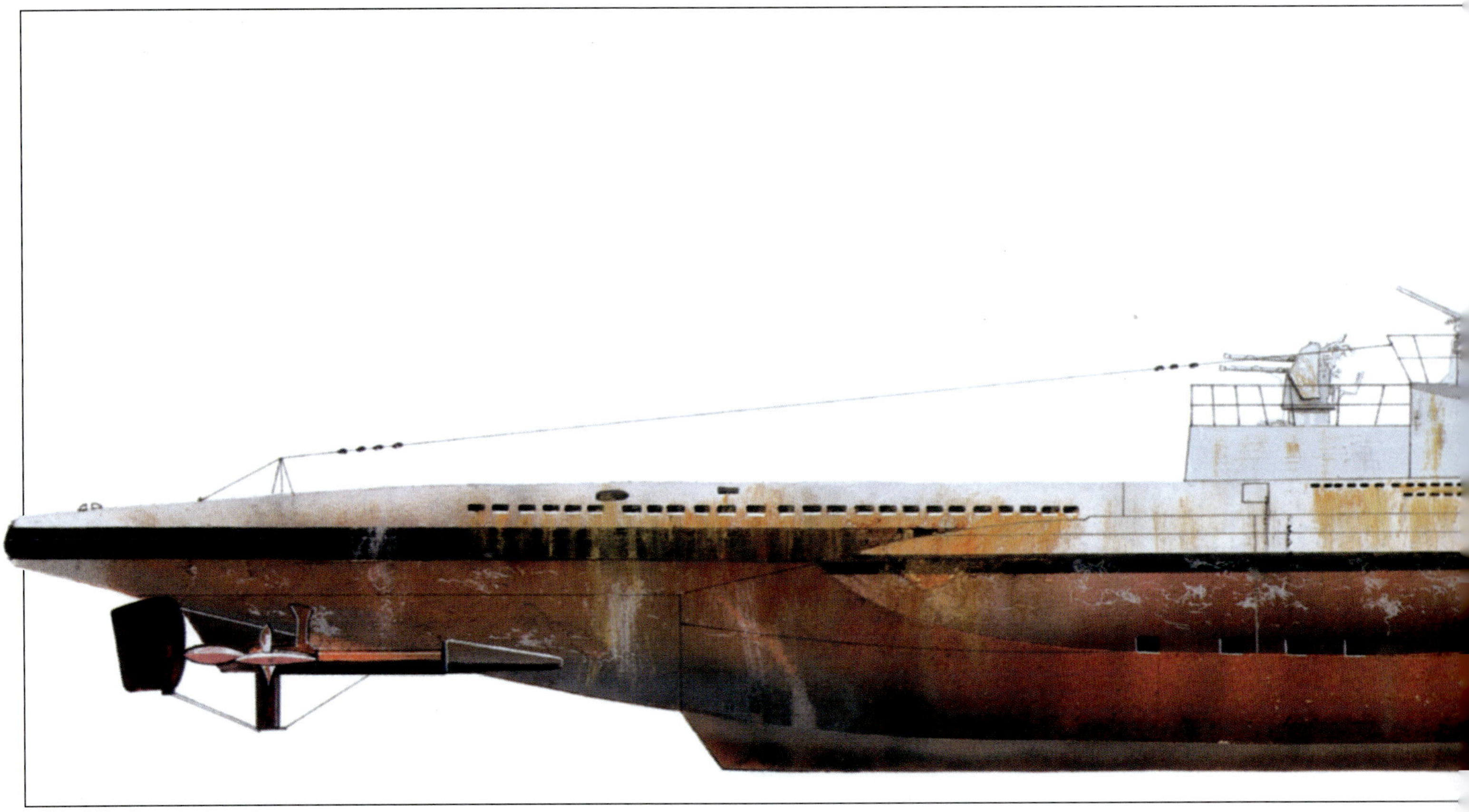

Der Typ VII C/42

Dieser Typ stellte eine verbesserte Version des Typs VII C dar. Er sollte leistungsfähigere Dieselmotoren (Steigerung auf max. 18,6 kn) und einen größeren Fahrbereich erhalten. Für den letzteren waren 12 600 sm bei 10 kn vorgesehen. Infolge der Umstellung des U-Bootprogramms Mitte 1943 auf den Bau des Typs XXI wurden alle Aufträge widerrufen und kein Boot dieses Typs wurde je fertiggestellt.

Ab 1943 führten die Boote vom Typ VII C kein 8,8-cm-Decksgeschütz mehr. Sie erhielten statt dessen eine verstärkte Flakbewaffnung aus 3,7-cm-Geschützen in Einzel- oder Doppellafette und/oder 2-cm-Geschützen in Doppel- oder Vierlingslafette. Im Bild besteht die Flakbewaffnung aus einer 2-cm-Vierlings- (links) und einer 2-cm-Doppellafette. Außerdem gab es Boote vom Typ VII C mit nur 2 Bugrohren, Boote ohne Heckrohre sowie Boote ohne Mineneinrichtung. Einige Boote waren zu speziellen Flak-U-Booten umgerüstet worden.

Es werden hier zwei Rettungsringe am Turm gezeigt. Die U-Boote fuhren, wenn überhaupt, nur ein hufeisenförmiges Rettungsmittel am Turm (vgl. S. 22/23). Es könnte sich höchstens um ein heimkehrendes Boot ohne Erfolgswimpel und der »Jagdtrophäe« am Turm handeln.

April 1942: Übungsschießen mit der 3,7-cm-Flak an Bord von U 103 (Kptlt. Winter), einem Boot vom Typ IX B. An artilleristischer Bewaffnung führte U 103 ein 10,5-cm-Seezielgeschütz vorn, ein 3,7-cm-Fla-Geschütz achtern (im Bild) sowie eine 2-cm-Flak auf dem »Wintergarten«, der Verlängerung des Turmaufbaus nach achtern. Ab 1943/44 besaßen die Boote vom Typ IX kein 10,5-cm-Geschütz mehr. Statt dessen waren sie infolge der zunehmenden alliierten Luftbedrohung mit einer verstärkten Flakbewaffnung – bis zu acht 2-cm-Fla-Geschütze in vier Zwillingslafetten –ausgerüstet.

Ein alliiertes Propaganda-Plakat aus der Zeit der »Schlacht im Atlantik«: »Ein sorgloses Wort... ...eine unnötige Versenkung!«

Das U-Boot taucht auf, um den Dampfer mit Artillerie zu versenken. Diese Taktik, bereits im 1. Weltkrieg entwickelt, mußte auch im 2. Weltkrieg aufgegeben werden, als das System der gesicherten Geleitzüge eingeführt wurde. Einzelfahrer konnten höchstens noch in entlegenen Seegebieten mit Artillerie angegriffen werden, wenn sie nicht oder nur schwach bewaffnet waren und solange keine alliierte Luftbedrohung bestand.

Drei Aufnahmen von der Versenkung des Dampfers ESKEDENE.

April 1941: Torpedotreffer auf dem britischen Dampfer ESKEDENE durch U 107, *geführt von Kapitänleutnant Günter Heßler, einem der erfolgreichsten U-Bootkommandanten.* U 107 *vom Typ IX B ist aufgetaucht, um sein Opfer mit Artillerie zu versenken.*

Ein Besatzungsangehöriger von U 124 beim Bergen von Rettungsringen eines gerade versenkten Dampfers. Diese Trophäen waren bei den deutschen Seeleuten sehr beliebt. Am 3. April 1943 versenkten die britischen Fregatten HMS STONECROP und BLACK SWAN U 124 mit der gesamten Besatzung im Nordatlantik.

An Bord von U 103 im April/Mai 1942: Überbleibsel jeder Art treiben im Atlantik. Im Bild eine aus dem Wasser gefischte Ausgabe des Magazins »Reader's Digest«.

Der Untergang eines durch Torpedotreffer von U 571 in zwei Hälften zerbrochenen britischen Handelsschiffes. Infolge ihrer geringen Größe konnten U-Boote im allgemeinen keine Überlebenden der alliierten Handelsschiffe retten. U 571 war ein Boot vom Typ VII C und gehörte zur 3. U-Flottille in La Pallice. Das Foto stammt vermutlich vom Frühjahr 1943, als das Boot von Kptlt. Helmut Mohlmann geführt wurde. Am 28. Januar 1944 versenkte ein Flugboot vom Typ »Short Sunderland« des Coastal Command der RAF U 571 westlich von Irland durch Bombentreffer. Es gab keine Überlebenden.

Ein britisches Propaganda-Plakat lobt die britische Handelsmarine: »Die Lebensader ist stabil dank der Handelsmarine!« 1942 von Charles Wood entworfen.

U 582 kehrt nach erfolgreicher Feindfahrt in den Stützpunkt zurück. Die am ausgefahrenen Sehrohr flatternden Siegeswimpel sind mit der genauen Tonnagezahl der versenkten Schiffe beschriftet. Sie stehen für die Versenkungen (von oben nach unten): 8441 = GB SS EMPIRE ATTENDANT (15.07.1942), 8000 = US SS PORT HUNTER (12.07.1942), 7493 = US SS HONOLULAN (22.07.1942). Die am Turm befestigte amerikanische Flagge ist ein Beutestück vom Frachter SS STELLA LYKES, versenkt am 27.07.1942 durch Klt. Schulte.

September 1942: Der Geleitzug PQ 18 (39 Frachter), gesichert durch 20 Kriegsschiffe vom Zerstörer bis zum bewaffneten Trawler einschl. des Geleitträgers HMS AVENGER, im Eismeer auf dem Weg nach Nordrußland. Die Nahsicherung bestand zusätzlich aus dem Leichten Kreuzer SCYLLA und 16 Flottenzerstörern. Trotzdem griffen vom 12. - 18. September deutsche U-Boote und Bomber laufend den Geleitzug an. Hierbei fielen den U-Booten drei und den Flugzeugen zehn Schiffe zum Opfer. Im Bild ein explodierender Tanker, vermutlich die ATHELTEMPLAR, torpediert am 14. September durch U 457 (KKpt. Brandenburg). Zwei Tage später versenkte der Zerstörer HMS IMPULSIVE dieses Boot.

Saint-Nazaire: U 106 *kehrt von Feindfahrt zurück. An Deck und auf dem Turm drängen sich Besatzungsangehörige und freuen sich, bald »festen Boden« unter sich zu spüren und ein paar Tage in den Urlaub zu gehen.*

Entfaltete Siegeswimpel nach der Feindfahrt an Bord von U 564 (Kptlt. Reinhard Suhren). Auf den Wimpeln das Symbol des Bootes: »3 x Schwarzer Kater«. Im Vordergrund rechts die 2-cm-Flak auf dem »Wintergarten«. Am 14. Juni 1943 versenkte ein britisches Flugzeug U 564 (nunmehr unter OblztS. Hans Fiedler) nordwestlich von Kap Ortegal im Nordatlantik durch Bombentreffer. Hierbei fanden 28 Besatzungsangehörige den Tod.

Links: Brest, Frühjahr 1941: U 204 unter Kptlt. Walter Kell kehrt von Feindfahrt zurück. Zum Motto »...on les aura« am Turm siehe Seite 48.
Am 19. Oktober 1941 versenkten die Sloop HMS ROCHESTER und die Korvette HMS MALLOW das Boot mit seiner gesamten Besatzung westlich von Kap Spartel bei Tanger durch Wasserbomben.

Besatzungsangehörige von U 553 (7. U-Flottille in Saint-Nazaire) vom Typ VII C drängen sich im September 1942 bei der Rückkehr von der Feindfahrt im »Wintergarten«. Im November 1942 kam das Boot zur 3. U-Flottille in La Pallice und ist seit Januar 1943 unter KKpt. Karl Thurmann mit seiner gesamten Besatzung im mittleren Nordatlantik verschollen.

Saint-Nazaire, Frühjahr 1941: U 94 *(7. U-Flottille) vom Typ VII C kehrt unter Führung von Kapitänleutnant Herbert Kuppisch nach mehrwöchiger Feindfahrt in den Stützpunkt zurück.*

Brest 1942: U 201 *vom Typ VII C ist unter Führung von Kapitänleutnant Adalbert Schnee von Feindfahrt zurückgekehrt und wird mit Musik begrüßt. Ein Jahr später gab es diese Verabschiedungs- und Begrüßungszeremonien nicht mehr; der U-Bootkrieg war härter und die Verluste größer geworden.*

Saint-Nazaire, Frühjahr 1941: Nach der Rückkehr von U 94 *erhält sein Kommandant, Kptlt. Herbert Kuppisch, aus der Hand von Vizeadmiral Dönitz (zweiter von links) das Ritterkreuz des Eisernen Kreuzes.* U 94 *sank am 28. August 1942 westlich von Haiti in der Karibik durch drei Rammstöße und Wasserbomben der kanadischen Korvette OAKLAND, unterstützt durch Bomben eines US-Flugzeuges.*

Lorient, Juni 1941: Postausgabe auf U 38 *vom Typ IX A nach Rückkehr von der Feindfahrt. Die Männer tragen das graue »U-Bootpäckchen«. Im Juli 1941 erhielt der bisherige Kommandant, Kptlt. Heinrich Liebe, ein Landkommando. Ihn löste Kptlt. Heinrich Schuch ab. Am 5. Mai 1945 versenkte sich das Boot in Wesermünde (Bremerhaven) selbst.*

Saint-Nazaire 1942: U 71 *(ObltzS. Rodler v. Roithberg, der Kptlt. Karl Flachsenberg ablöste), ein Boot vom Typ VII B, ist gerade in den Stützpunkt von Feindfahrt zurückgekehrt. Besatzungsangehörige beim Lesen ihrer Briefe von daheim. Wie immer kam unmittelbar nach dem Einlaufen der Postsack als erstes an Bord. Nach einer kurzen Zeit der Ruhe ging es wieder hinaus in den Atlantik. Am 2. Mai 1945 versenkte sich* U 71 *in Wilhelmshaven selbst.*

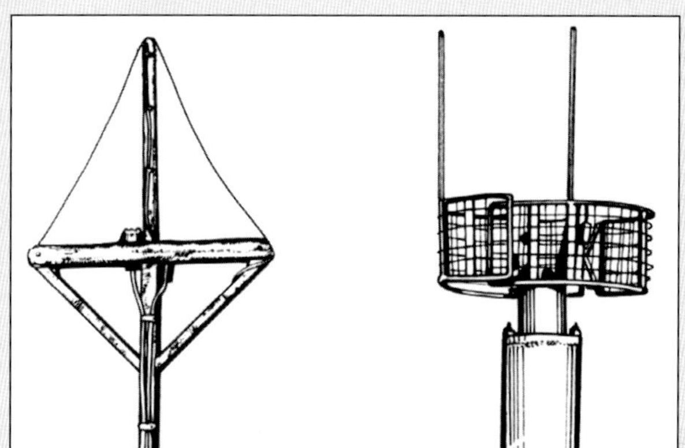

Links die »Metox«-Antenne, das sog. »Biskayakreuz«, ein Funkmeßbeobachtungsgerät, um die gegnerische Radarstrahlung – vor allem der Flugzeuge – zu erfassen, um noch rechtzeitig wegtauchen zu können. Rechts die »Naxos«-Antenne; sie konnte die Impulse der neuen alliierten Radargeräte mit Zentimeter-Wellenlänge orten.

U 553 *kehrt von Feindfahrt nach Saint-Nazaire zurück. Im Bild der »Wintergarten« mit dem Kommandanten, KKpt. Karl Thurmann. Rechts von ihm die 2-cm-Flak und links von ihm ist der Lauf eines MG 34 mit aufgesetztem Luftzielvisier zu erkennen.*

1943: DER WENDEPUNKT

UND DIE ALLIIERTE REAKTION

Drei »Liberator«-Bomber der US-Marine und zwei »Mitchell« der USAAF griffen am 5. November 1943 U 848 *vom Typ IX D_2 südwestlich der Insel Ascension an und versenkten es.*

U 86 vom Typ VII B gehörte nacheinander zur 5. (Kiel) und zur 1. U-Flottille (Brest). Von Kptlt. Schug geführt, versenkten Trägerflugzeuge des Geleitträgers USS BOGUE dieses Boot am 29. November 1943 westlich der Azoren. Im Bild nehmen zwei Besatzungsangehörige die UZO (U-Bootzieloptik für den Torpedo-Überwasserschuß) auseinander.

Auf einer Pressekonferenz, die Vizeadmiral Dönitz am 27. Juli 1942 für die deutsche Presse abhielt, wies er auf den harten Kampf hin, den die U-Boote zu führen hätten. Obwohl das Problem des Findens der Geleitzüge nicht mehr so im Vordergrund stand, war es doch zunehmend schwieriger geworden, an die Geleitzüge heranzukommen. Inzwischen hatte Großbritannien ein umfangreiches Bauprogramm für Geleitsicherungsfahrzeuge in Angriff genommen, das dazu führte, die Geleitzüge wirksamer als je zuvor gegen angreifende U-Boote zu schützen. Hinzu kam die wachsende Bedrohung aus der Luft:

»[Es] ergab sich andererseits, daß der Kampf am Geleitzug schwerer geworden war. Dabei zeigte sich täglich, daß die Beweglichkeit der U-Boote, die für das Herankommen an einen Geleitzug und die Rudeltaktik erforderlich war, durch die Luftüberwachung an den Geleitzügen am meisten eingeschränkt wurde. Die Flugzeuge zwangen die U-Boote häufiger zum Tauchen und machten sie dadurch jedesmal stationär, so daß sie nicht in die Nähe des Geleitzuges kamen und die für den Angriff notwendige Vorposition nicht erreichen konnten.« (Dönitz »10 Jahre und 20 Tage«, S. 235.)

Die Bedrohung aus der Luft war so angestiegen, daß die »Wolfsrudel« ihre Operationen auf das »Black Gap« – das »Schwarze Loch« – beschränken mußten, jenes Seegebiet im mittleren Nordatlantik, das noch nicht von der alliierten Luftüberwachung erfaßt war. Dementsprechend mußte sich die deutsche Taktik ändern. Sobald ein U-Boot Fühlung an einem Geleitzug hatte, griff es an und führte andere Boote heran. So konnten den alliierten Schiffen die höchstmöglichen Verluste zugefügt werden, ehe ihnen wieder der Vorteil der Luftsicherung zuteil wurde.

Doch die »Grauen Wölfe« mußten eingestehen, daß die Zeit der leichten Siege endgültig vorüber war. Das Jahr 1943 markierte den Wendepunkt in der U-Bootkriegführung. Die auf beiden Seiten entwickelten neuen Waffen wurden schon bald mit tödlicher Wirksamkeit eingesetzt, aber unerbittlich neigte sich die Waagschale zugunsten der Alliierten.

U-Boote vom Typ VII C mit verstärkter Flakbewaffnung anstelle des 8,8-cm-Decksgeschützes.

Im Herbst 1942 zogen die Alliierten seit Kriegsbeginn zum erstenmal Nutzen aus den amerikanischen Kriegsanstrengungen. Im Jahr 1942 belief sich der Ausstoß der Werften an Neubauten auf insgesamt 6,99 Millionen BRT, allein im September auf eine Million BRT – diese schwindelerregende Zahl entsprach der Gesamtproduktion des Jahres 1941!

Churchill schrieb später über die »Schlacht im Atlantik« in einer Stellungnahme:

»Die Schlacht im Atlantik war der beherrschende Faktor während des gesamten Krieges. Niemals durften wir einen Augenblick lang vergessen, daß jedes andere Geschehen, ob zu Lande, zu Wasser oder in der Luft, letztlich von ihrem Ausgang abhing, und trotz aller anderen Sorgen betrachteten wir das wechselnde Geschick in dieser Schlacht von Tag zu Tag mit Hoffnung oder Besorgnis.«

Auch die deutsche Seite hatte erkannt, wie wichtig der Neubau an Handelsschiffsraum für die alliierte Sache war, hatte aber die riesige Industrie-

April 1943: U 334 *(ObltzS. Ehrich) an seinem Liegeplatz im Hafen von Bergen. Die Fregatte HMS JED und die Sloop HMS PELICAN versenkten das U-Boot am 14. Juni 1943 südwestlich von Island. Von seiner 47köpfigen Besatzung gab es keine Überlebenden. Das zweite Boot links, ebenfalls vom Typ VII C, konnte nicht identifiziert werden.*

Juni 1943: U 380 *(Kptlt. Röther) im Hafen von La Spezia bei der Ausrüstung zu einer weiteren Feindfahrt im Mittelmeer. Es gehörte zur dort stationierten 29. U-Flottille.*

Im Führerhauptquartier »Wolfsschanze« bei Rastenburg/Ostpr., Januar 1943: Hitler zeichnet im Beisein von Admiral Dönitz (von links nach rechts) die U-Bootkommandanten KKpt. Karl-Friedrich Merten, Kptlt. Wolfgang Lüth und Kptlt. Friedrich Guggenberger sowie den Schnellbootkommandanten Kptlt. Werner Töniges mit dem Eichenlaub zum Ritterkreuz aus.

und Werftkapazität der USA gewaltig unterschätzt. Erst im Sommer 1942 lagen Dönitz einigermaßen realistische Zahlen hierzu vor, die deutlich machten, daß im Monatsschnitt mindestens 900 000 BRT versenkt werden mußten, um diesen Wettlauf zu gewinnen. Damit waren die U-Boote hoffnungslos überfordert, wenn auch die Anzahl der verfügbaren U-Boote im August 1942 auf 358 Einheiten (einschl. Erprobung, Ausbildung, Werft) – davon 149 Frontboote – gestiegen war.

Der LACONIA-Fall

Als die Erfolge im Nordatlantik zurückgingen, entsandte Dönitz erneut U-Boote in den Südatlantik. Hier kam es am 12. September 1942 zu einem der tragischsten Zwischenfälle des Krieges, als *U 156* unter Führung von KKpt. Hartenstein nordostwärts von Ascension den britischen Truppentransporter LACONIA versenkte. Neben britischen Truppen und Zivilisten hatte das Schiff 1800 italienische Kriegsgefangene an Bord. Als Hartenstein die Schreie der Überlebenden hörte, begann er mit den Rettungsmaßnahmen. Schon bald war *U 156* mit Geretteten überfüllt, so daß es nicht mehr tauchen konnte. Außerdem schleppte es noch Rettungsboote. Am 15. und 16. trafen zwei weitere U-Boote und ein italienisches Unterseeboot zur Unterstützung ein.

Am 16. September erschien ein amerikanischer Bomber vom Typ B-24 und griff trotz der deutlich erkennbaren Rotkreuz-Flagge über dem Geschütz *U 156* mit Bomben an. Diese töteten eine Anzahl der Überlebenden und beschädigten das U-Boot.

März 1943: U 380 (Kptlt. Joseph Röther) und U 596 (Kptlt. Jahn) im italienischen Hafen La Spezia, dem Stützpunkt der 29. U-Flottille. U 380 sank am 11. März 1943 durch US-Bombentreffer in Toulon, während U 596 nach schweren Beschädigungen durch einen US-Bombentreffer in Salamis von der eigenen Besatzung am 30. September 1944 gesprengt wurde.

U 69 ***(Typ VII C)*** **– Kptlt. Metzler**

U 141 ***(Typ II D)*** **– ObltzS. P. Schüler**

U 66 ***(Typ IX C)*** **– KKpt. Zapp**

U 64 ***(Typ IX B)*** **– Kptlt. Wilhelm Schulz**

U 124 ***(Typ IX B)*** **– Kptlt. Wilhelm Schulz**

U 564 ***(Typ VII C)*** **– KKpt. Suhren**

U 751 ***(Typ VII C)*** **– Kptlt. Bigalk**

U 556 ***(Typ VII C)*** **– Kptlt. Wohlfahrt**

Im Nordmeer, Herbst 1943: **U 601** *(Kptlt. Otto Hansen) vom Typ VII C auf der Suche nach Rußland-Geleitzügen. Extreme Wetterbedingungen behinderten die Operationen der in diesem Seegebiet eingesetzten U-Boote erheblich.*
U 601 *gehörte zur 13. U-Flottille in Trondheim/Norwegen und wurde am 25. Februar 1944 durch Bombentreffer eines alliierten Flugzeuges südwestlich von Narvik versenkt.*

Widerstrebend schickte Hartenstein Überlebende von Bord, um das Boot tauchklar zu machen. Einige Zeit später trafen drei vichy-französische Kriegsschiffe ein und übernahmen von den U-Booten und aus den Rettungsbooten insgesamt 1083 Gerettete.

Am 17. September befahl der B.d.U. allen U-Booten, zukünftig keine Überlebenden mehr zu retten, um die Sicherheit der Boote nicht aufs Spiel zu setzen (der sog. »LACONIA-Befehl«).

Die deutschen Erfolge im Winter 1942/43

Obwohl im November 1942 die deutschen U-Boote 802 160 BRT an wertvollem alliierten Schiffsraum versenkten, waren sie nicht imstande, die Operation »Torch« – die alliierten Landungen am 8. November in Marokko und Algerien – wesentlich zu behindern. Auf deutscher Seite waren die Geheimdienste nicht in der Lage gewesen, die riesige Armada für den Transport von 106 300 Mann alliierter Truppen samt Kriegsmaterial aus den USA nach Nordafrika zu erfassen.

Wachegehen bei schwerem Wetter irgendwo im Atlantik auf einem U-Boot vom Typ VII C.

U 459 *(KKpt. v. Wilamowitz-Möllendorf) vom Typ XIV versorgt 1943 ein U-Boot vom Typ VII C, während im Hintergrund ein zweites U-Boot auf Versorgung wartet.*

Ein aus britischen Handelsschiffen bestehender Geleitzug läuft in die Western Approaches ein. Im Vordergrund sucht ein Ausguck den Himmel nach deutschen Flugzeugen ab.

Winston Churchill äußerte sich später so: *»In den Kriegsjahren galt unsere einzige wirkliche Besorgnis der U-Bootgefahr. Unsere Lebensadern, ob sie über den riesigen Ozean oder dicht vor unseren Küsten verliefen, standen auf dem Spiel. Das Unterseeboot bildete die größte Gefahr von allen, und die Deutschen wären besser beraten gewesen, alles auf diese Karte zu setzen.«*

Im Januar 1943 war die Dönitz zur Verfügung stehende Anzahl von U-Booten auf 419 Einheiten gestiegen; hiervon waren 213 Frontboote. Er war überzeugt, daß der Sieg im Atlantik in Reichweite lag, da das von den deutschen Ingenieuren entwickelte neue Material den Verlauf der Schlacht noch ändern konnte.

»Nie waren die Deutschen so nahe daran gewesen wie Anfang März 1943, um die Seeverbindungen zwischen der Alten und der Neuen Welt zu durchtrennen.«

Im Verlaufe des gesamten März griffen die U-Boote die alliierte Schiffahrt mit großem Erfolg an und versenkten insgesamt 110 Handelsschiffe. Trotz eines Aufgebotes von 500 Kriegsschiffen und 1100 Flugzeugen zur Geleitsicherung gehörten 71 von ihnen (einschl. 24 Nachzügler) zu Geleitzügen.

Admiral Max Horton, der Seebefehlshaber der Western Approaches, äußerte sich so: *»Das Betrachten der Verluste in diesem Monat erfüllt uns mit Furcht. Schiffe mit insgesamt mehr als einer Million BRT gingen in 20 Tagen verloren. Und was die Lage noch weiter verschlimmert: Zwei Drittel dieser Schiffe gehörten zu gesicherten Geleitzügen. 100 im Atlantik umherstreifende Wölfe haben 107 alliierte Schiffe versenkt.«*

Die britische Antwort

Im April 1943 verringerte sich die Anzahl der versenkten alliierten Schiffe gegenüber dem März auf über die Hälfte. Briten und Amerikaner hatten neue Taktiken entwickelt, die in diesem Monat zum Verlust von 15 U-Booten führten. Unter dem Ansporn von Admiral Max Horton waren die Geleitsicherungsgruppen nunmehr besser auf ihre U-Abwehraufgabe vorbereitet. Leichte Flugzeugträger gewährten, falls erforderlich, Nahsicherung aus der Luft.

Einer der ersten unternommenen Schritte zur Verringerung der U-Bootbedrohung bestand darin, die in Großbritannien stationierten strategischen Bomberverbände konzentriert dagegen einzusetzen. Zu diesem Zweck griffen die Bomber der 8. U.S. Army Air Force und des Bomber Command der RAF im Mai gezielt die Bauwerften und die Atlantikstützpunkte der U-Boote an. In 18 000 Einsätzen warfen sie 33 000 ts Bomben ab. Doch diese Angriffe erbrachten keinen Erfolg. Die

Britische Zerstörer der JERVIS-Klasse formieren sich nach der sicheren Ablieferung eines Geleitzuges, aufgenommen im April/Mai 1943 nach Wiederherstellen der Seeherrschaft im Atlantik.

Geleitzüge

Geleitzüge umfaßten bis zu 70 Schiffe, die im Abstand von 650 m in mehreren Kolonnen fuhren, und konnten ein Seegebiet bis zu 60 km² bedecken. In den Anfangsphasen des Krieges fuhren schnellere Handelsschiffe als Einzelfahrer und verließen sich auf ihre überlegene Geschwindigkeit, um den U-Booten zu entgehen.

Geleitsicherungsfahrzeuge sicherten die Geleitzüge bis in 100 sm Entfernung von den Western Approaches. Dort übernahm ein größeres Kriegsschiff (vom Leichten Kreuzer an aufwärts) die Sicherung, vor allem gegen Überwasserschiffe des Gegners. Zusätzlich sicherte das Coastal Command die Geleitzüge aus der Luft, aber die Knappheit an Flugzeugen und die Unerfahrenheit der Piloten ließen keine wirksame Luftsicherung zu.

Die von den mit Kohle fahrenden Dampfern ausgestoßenen dicken schwarzen Rauchwolken verrieten unvermeidlich die Position eines Geleitzuges.

Infolgedessen mußte bei Tage der Rauchausstoß gering gehalten werden und die Schiffe hatten im Geleitzug Position und Geschwindigkeit beizubehalten. Bei Nacht mußte streng abgedunkelt gefahren werden.

U-Bootbunker erlitten nur geringe Schäden und nicht ein einziges U-Boot ging dadurch verloren. Der Preis hierfür war der Verlust von 882 Bombern.

Durch diese mageren Ergebnisse enttäuscht, untersuchten die Briten mehrere Alternativen. Dies führte dazu, daß die Planer und Ingenieure des Coastal Command der RAF eine neue Offensivstrategie entwickelten.

Ein erster Schritt war die Modifizierung der Wasserbomben, damit sie in größerer Wassertiefe detonierten. Die Zünder konnten jetzt so eingestellt werden, daß die Bomben in 25 m Wassertiefe – statt wie bisher in 7,5 m – detonierten.

Gleichzeitig erhielt das Coastal Command die ersten »Liberator«-Maschinen, deren Reichweite durch Zusatztanks auf ca. 1300 km erweitert werden konnte. Diese Flugzeuge trugen sehr dazu bei, das Gleichgewicht zugunsten der Alliierten wiederherzustellen.

Das »Black Gap« im Atlantik schloß sich langsam. Die herausragendste Neuerung bestand jedoch im März 1943 in der Einführung eines neuen Radargerätes, das auf der Wellenlänge von 10 cm arbeitete, von der britischen Magnetfeldröhre abgeleitet und in den USA entwickelt. Schon bald stellten die Piloten des Coastal Command staunend fest, daß sie die Silhouette eines aufgetauchten Unterseebootes orten konnten, und das sogar bei Nacht. Nach Ausrüstung mit diesem Radar konnte ein in 150 m Höhe fliegendes Flugzeug ein U-Boot auf ca. 25 km erfassen. Von da an stieg die Anzahl der von Flugzeugen versenkten U-Boote sprunghaft. Dies führte dazu, daß die britische Marineluftwaffe, der Fleet Air Arm, für sich in Anspruch nahm, von den 718 während des Krieges vernichteten U-Booten 290 versenkt zu haben. Auf das Konto der alliierten Flugzeuge kamen 43 % der Verluste, die der U-Bootwaffe zugefügt wurden.

Zusätzlich zu den neuen Radargeräten kamen Funkpeilanlagen (HF/DF-Geräte) zum Einsatz, die es den Geleitsicherungsfahrzeugen ermöglichten, den Funkverkehr und damit den Standort eines U-Bootes zu erfassen. So ausgerüstet, konnten die Geleitzüge den Gefahrenzonen entgehen, da ihre Geleitzerstörer die U-Bootsignale einpeilten, um ihre Gegner anzugreifen und zu versenken.

Außerdem gab es noch eine neue U-Jagdwaffe, den »Hedgehog«, ein Waffensystem, das gleichzeitig eine Anzahl von Bomben über den Bug vorausfeuerte. Es konnte viel besser auf einen Asdic-Kontakt reagieren als die achtern geworfenen konventionellen Wasserbomben. Auch die bisher nur zur Panzerabwehr eingesetzten Raketen leisteten als Flugzeugbewaffnung ihren Beitrag, um den Gang der Ereignisse im Atlantik zu verändern. Sie wurden von 1943 an mit tödlicher Wirkung gegen aufgetaucht fahrende U-Boote eingesetzt.

Westlich der Kanarischen Inseln, 12. Juni 1943: Trägerflugzeuge des Geleitträgers USS BOGUE greifen U 118 (KKpt. Czygan) im Atlantik an und versenken das Boot unter Verlust von 43 Mann seiner Besatzung.

Der Atlantik unter alliierter Herrschaft

Die Alliierten waren entschlossen, mit der U-Bootbedrohung ein Ende zu machen. Zu diesem Zweck nahmen sie 1942/43 ein umfangreiches Bauprogramm für Geleitträger unter der energischen Führung der USA in Angriff, das sich bereits Anfang 1943 auszuwirken begann.

Zum einen handelte es sich als Übergangslösung zur Schließung des »Black Gap« um Handelsschiffe, die zu »Leichten Flugzeugträgern« – sog. MAC-Schiffen: Merchant Aircraft Carrier – umgebaut wurden. Sie besaßen ein Flugdeck und vier Flugzeuge. Zum anderen waren es zweckgebaute Geleitträger – CVE: Carrier Vessel Escort; im US-Marinejargon »Baby Flat Tops« genannt – zwischen ca. 8000 bis 19 000 ts standard, die 20 bis 30 Flugzeuge an Bord hatten. Diese Träger operierten zusammen mit den modernen britischen Geleitschiffen und den stark bewaffneten und schnelleren US-Zerstörern.

Geleitträger bildeten den Kern von Unterstützungsgruppen (»Hunter-Killer-Groups«), die – unabhängig von Geleitzügen operierend – unbarmherzig jedes U-Boot verfolgten, das sich in die Nähe eines Geleitzuges wagte. Dies entsprach den Auffassungen von Admiral Max Horton. Als einer der führenden britischen Unterseebootfahrer des 1. Weltkrieges hatte er seinen gegenwärtigen Posten am 1. November 1942 übernommen und die Überzeugung mitgebracht, daß die Antwort in einer aggressiveren Geleitsicherungstaktik zu suchen wäre. Die Unterstützungsgruppen stellten eine dieser Maßnahmen dar, um mit den U-Booten von Dönitz fertig zu werden, mit deren Taktik er ziemlich vertraut war. Von seiner Befehlsstelle in Liverpool aus hatte er ein neues Verfahren für die Sicherung von Geleitzügen entwickelt.

Die Anzahl der verfügbaren Zerstörer war inzwischen soweit angestiegen, daß es jetzt möglich war, einen doppelten Sicherungsschirm zum Schutz der Flanken zu bilden. Der innere Schirm hatte sich lediglich auf Verteidigungsmaßnahmen zu beschränken, wohingegen der äußere, in der Regel aus Zerstörern und Fregatten bestehend, die U-Boote – manchmal über mehrere Tage hinweg – zu jagen und zu versenken hatte.

Westlich der Azoren, 9. August 1943: Das Ende von U 664 durch Flugzeuge der USS CARD. Die Besatzung verläßt ihr Boot und wird bis auf 7 Mann von einem US-Zerstörer gerettet, darunter auch Kptlt. Adolf Graef, der Kommandant.

Auch die Luftsicherung war zwischenzeitlich ausgeweitet worden, so daß jetzt Jagdbomber das berüchtigte »Black Gap« durchstreiften, das zum Grab so vieler alliierter Handelsschiffe geworden war. Als Hortons Maßnahmen zur Ausführung gelangten, waren die Geleitzüge während ihres gesamten Weges von ihren Abgangs- bis zu ihren Bestimmungshäfen gesichert.

Dönitz erkannte deutlich, daß der U-Bootkrieg seinen Wendepunkt erreicht hatte. Die Geleitzüge waren nunmehr so wirksam gesichert, daß während einer sich über drei Nächte hinziehenden Geleitzugschlacht Anfang Mai 1943 ostwärts von Neufundland eine aus 15 Booten bestehende U-Bootgruppe zwar 12 Schiffe versenkte, aber selbst sieben Boote verlor.

Auch in den folgenden Geleitzugschlachten am HX 237, SC 129, HX 239 und SC 130 wurden die U-Boote unter erheblichen Verlusten bei geringen Versenkungserfolgen zurückgeschlagen. Insgesamt gingen im Mai 41 U-Boote verloren, erstmals mehr U-Boote in einem Monat, als neu in Dienst gestellt wurden.

Dönitz schrieb hierzu in seinen Erinnerungen (»10 Jahre und 20 Tage«, S. 334):

»Nach 45 Monaten einer unaufhörlichen Schlacht, die von stärkerer und heftigerer Art war, als die Nachwelt sie sich einmal wird vorstellen können, hatte die gewaltige See- und Luftabwehr der beiden größten Seemächte, vor allem aufgrund des neuen Ortungsmittels [d.h. Radar], den U-Bootkrieg erdrückt.«

Der Typ XIV

U 459 **wurde als erste Einheit dieses Typs am 15. November 1941 durch Korvettenkapitän v. Wilamowitz-Möllendorf in Dienst gestellt. Die insgesamt 10 Einheiten dieses Typs sollten als Versorgungs-U-Boote den Typ X B ablösen. Mit nur 67,10 m Länge bei einer Verdrängung unter Wasser von 1932 t (max. 2300 t) wies dieser Typ einen bulligen Bootskörper auf. Infolge seiner Aufgabe und der schlechten Manövrierfähigkeit erhielten diese Boote schon bald den Spitznamen »Milchkühe«. Sie hatten keine Torpedorohre und führten lediglich zwei 3,7 cm (vorn und achtern) und eine 2 cm auf dem Turmaufbau als Flakbewaffnung. Zur Versorgung konnte der Typ X B vier Torpedos und 432 t Dieselöl mitführen. Seine Aufgabe bestand in der Versorgung von U-Booten im Atlantik mit Proviant, Treibstoff, Munition und Ersatzteilen. In der Regel befand sich auch an Arzt an Bord. Auf einer Feindfahrt konnte ein solches Boot 15 bis 20 U-Boote mit dem Nötigsten versehen. Versorgung in See war jedoch ein gefährliches Unterfangen: zum einen aufgrund der Wetterbedingungen und zum anderen infolge der Gefahr durch alliierte Kriegsschiffe und Flugzeuge. Letztere nahm durch die Einführung wirksamerer alliierter Gegenmaßnahmen vom Juni 1943 an ständig zu. Bis zum Juni 1944 hatten die Alliierten alle zehn Boote dieses Typs – weitgehend gezielt durch »Ultra«-Meldungen – versenkt.**

Biskaya, 24. August 1943: Ein Flugzeug der RAF versenkt U 134 *(Kptlt. Brosin) vom Typ VII C mit der gesamten Besatzung durch Bombentreffer.*

Nordatlantik, 23. Mai 1943: Die Vernichtung von U 752 *(KKpt. Karl-Ernst Schroeter) durch Raketenbeschuß einer Fairey »Swordfish« des Geleitträgers HMS ARCHER beim Versuch, den Geleitzug HX 239 anzugreifen. (Ölgemälde von John Hamilton, 1944.)*

Ende Mai 1943 lief sich die von 164 U-Booten (Stand: 1. Januar 1943) im Atlantik geführte deutsche Offensive allmählich tot, als die Geleitsicherungs- und Unterstützungsgruppen den Schutz der Geleitzüge immer weiter in den Ozean hinaus erstreckten. Sie zogen beträchtlichen Nutzen aus der raschen Entzifferung des deutschen U-Bootfunkverkehrs. So konnten die Geleitzüge um die lauernden U-Bootrudel herumgeleitet werden, wenn die Bedrohung zu groß war. Außerdem war der xB-Dienst immer weniger imstande, die neuen alliierten Schlüssel zu brechen, und konnte daher die U-Bootführung nicht mehr hinreichend über die Geleitzugrouten informieren.

1943: Ein unbekanntes U-Boot vom Typ VII C wird von einem US-Flugzeug angegriffen. Ein aufgetaucht angetroffenes U-Boot konnte sich seinem Verfolger nicht mehr entziehen. Rechts unten im Bild – länglich schwarz – eine gerade abgeworfene zweite Wasserbombe.

Ein Flugzeug der US-Marine greift am 17. April 1943 südwestlich von Irland U 175 vom Typ IX C unter Kplt. Bruns an (13 Tote).

Amerikanische Bomber greifen am 11. Juli 1943 ein U-Boot vom Typ VII C an.

Nordatlantik, Ende 1942: Ein Ölfleck zeigt das Ende eines U-Bootes durch Wasserbomben eines britischen Zerstörers an.

Alliierte Schiffbauprogramme

Schiffstyp	1941	1942	1943	1944
Geleitträger	2	13	50	37
Flottenzerstörer	15	81	128	84
Geleitzerstörer	-	-	306	197
Korvetten/Fregatten	167	743	1106	640
Marineluftwaffe*	1593	5584	1637	26 401

Am 24. Mai 1943 befahl Dönitz seinen U-Booten den Rückzug von den stark gesicherten Geleitzugrouten im Nordatlantik in die Seeräume westlich der Azoren. Trotzdem gingen im Juni und Juli wieder insgesamt 54 U-Boote verloren.

Das Ende der »Milchkühe« – Wirksame alliierte Gegenmaßnahmen

Angesichts des Fehlschlagens seiner Offensive im Norden setzte Dönitz eine große Anzahl seiner U-Boote im Mittelatlantik ein, außerhalb der zunehmenden Reichweite der alliierten Luftüberwachung. Die Sicherung der dortigen Seeverbindungen oblag der US-Marine. Vorrangige Priorität hatte die Versenkung der Versorgungs-U-Boote vom Typ XIV, um den U-Booten das Operieren in diesen Seeräumen zu erschweren. Ende 1943 waren von den zehn zwischen November 1941 und März 1943 in Dienst gestellten Booten dieses Typs nur noch zwei im Einsatz.

Ende August 1943 liefen 18 U-Boote und ein Versorgungs-U-Boot aus ihren Stützpunkten an der Biskaya aus, um den Kampf an den Geleitzügen im Nordatlantik wieder aufzunehmen. Sie waren sowohl mit dem neuen »Naxos«-Warngerät gegen das alliierte Flugzeugradar als auch mit »Aphrodite«-Ballons zur Radartäuschung ausgerüstet. Ferner hatten sie eine starke Flakbewaffnung und den neuen Horchtorpedo T 5 »Zaunkönig« an Bord. Hinzu kamen noch drei aus Norwegen kommende U-Boote. Diese 22 Boote bildeten die Gruppe »Leuthen«, die vom 18. bis zum 23. September die Geleitzüge ON 18 und ON 202 angriff. Unter dem Verlust von drei eigenen Booten versenkte die Gruppe drei Zerstörer und sieben Handelsschiffe. Auch die Mitte Oktober gegen den Geleitzug ON 206 angesetzte Gruppe »Schlieffen« konnte sich gegen die starke Luft- und Seesicherung nicht durchsetzen und verlor sechs Boote, davon vier durch Flugzeuge. Der Horchtorpedo »Zaunkönig« erwies sich zunehmend als nutzlos, da die Alliierten zur Täuschung gegen ihn die Geräuschboje »Foxer« einsetzten. Im Kielwasser nachgeschleppt, lenkte sie den Torpedo von seinem Ziel ab.

* Land- und trägergestützte Flugzeuge.

1944: DIE LETZTE

Nordwestlich von Dakar, 4. Juni 1944: Das Enterkommando des US-Zerstörers PILLSBURY unter Führung von Lieutenant Albert L. David an Bord von U 505 (ObltzS. Harald Lange), das zum Auftauchen gezwungen worden war. Die Besatzung hatte ihr erheblich beschädigtes Boot in sinkendem Zustand verlassen, aber es gelang, das U-Boot einzubringen. Nach einer Verwendung als Versuchsboot USS NEMO befindet sich U 505 vom Typ IX C heute als Museums-U-Boot vor dem Museum für Wissenschaft und Industrie in Chicago.

ANSTRENGUNG

U 889, ein mit dem Schnorchelmast an Steuerbord ausgerüstetes U-Boot vom Typ VII C. Der Schnorchel ist an Oberdeck beigeklappt. U 889 unter Kapitänleutnant Friedrich Braeucker gehörte zur 33. Flottille und lief am 5. April 1945 von Kristiansand (Norwegen) zur Feindfahrt ins Operationsgebiet zwischen New York und Kap Hatteras aus. Nach dem Befehl zur Einstellung der Kampfhandlungen stellte es sich am 10. Mai 1945 vier kanadischen Kriegsschiffen. Am 13. Mai lief es in den kanadischen Hafen Shelburne ein, wo diese Aufnahme entstand.

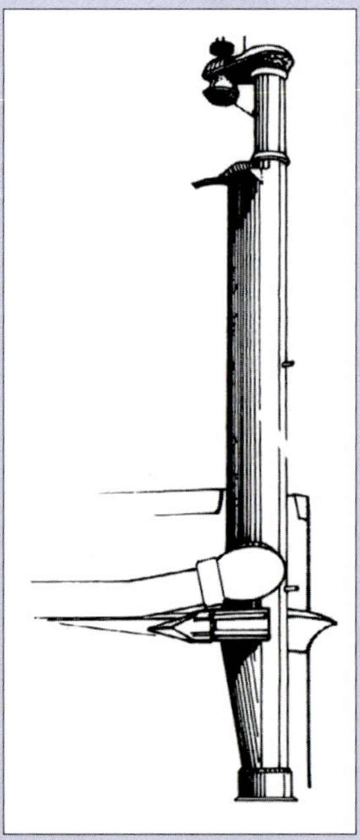

Frühe Ausführung eines Schnorchels mit Kugelschwimmer (September 1943). Der hier aufgerichtete Schnorchelmast konnte neben dem Turm an Oberdeck beigeklappt werden.

Schnorchelkopf der späteren Version, eingeführt 1944 und mit Tarnüberzug gegen Radarortung versehen. Dieses Modell konnte beim Typ XXI und XXIII aus dem Turm ausgefahren werden.

Das Blatt hatte sich gewendet. Noch unter dem Eindruck der im April und Mai 1943 erlittenen Rückschläge gelangte Dönitz zur Auffassung, daß eine Wende im U-Bootkrieg nur durch eine verbesserte Leistungsfähigkeit der U-Boote herbeizuführen war. Daher erforschten deutsche Ingenieure mehrere Wege.

Technische Neuerungen auf deutscher Seite:

1. In einem ersten Schritt verbesserten deutsche Ingenieure die Tauchfähigkeit der U-Boote durch die Verwendung von Hochfestigkeitsstahl für den Druckkörper (Typ VII C/41). Hierdurch konnten diese U-Boote in Tiefen bis zu 250 m tauchen, d.h. außerhalb der Reichweite alliierter Wasserbomben.
2. Auch die Torpedos erfuhren Verbesserungen. Neben den verbesserten bisherigen Torpedotypen wurde ergänzend als neuer Typ der T 5 »Zaunkönig« mit aktiv-magnetischer Abstandszündung eingeführt. Mit einem zielsuchenden akustischen Horchkopf ausgestattet, steuerte der »Zaunkönig« die Schiffspropeller an und detonierte am Heck. Befehle wiesen die U-Boote an, vier T 5 mitzuführen, um sie gegen Geleitsicherungsschiffe einzusetzen. Zwischen September 1943 und Mai 1944 gingen 25 Geleitschiffe auf das Konto des T 5. Eine weitere Verbesserung der Torpedos war eine Zusatzeinrichtung, die vorher eingestellt wurde und den Torpedo nach einem Fehlschuß, verursacht z.B. durch ein Ausweichmanöver des Gegners, in einen Kurven- bzw. Zickzacklauf übergehen ließ (FAT). Im Frühjahr 1944 kam der G 7e mit einem Zusatzgerät als LUT (lagenunabhängiger Torpedo) zum Einsatz. Jeder beliebige Winkel zur ursprünglichen Schußbahn konnte eingestellt werden und nach einem Gradlauf ging der Torpedo in einen vorprogrammierten Schleifenlauf über. Der »Zaunkönig« er-

Der Stapellauf von* U 3001 *vom Typ XXI am 30. Mai 1944 bei der Werft A.G. »Weser« in Bremen. Das Boot wurde am 20. Juli 1944 in Dienst gestellt und versenkte sich am 3. Mai 1945, ohne zum Einsatz gekommen zu sein, unter Kptlt. Peters auf der Außenweser selbst.

U-Bootbunker »Keroman« in Lorient, 1944:* U 155 *vom Typ IX C unter Führung von Kptlt. Erwin Witte. Im Bild der modifizierte Turmumbau zur Unterbringung der 2-cm-Vierlingsflak. Hinsichtlich seines Schicksals siehe* U 720 *auf Seite 98.

Ende 1944: Der Turm eines nicht identifizierten U-Bootes vom Typ XXI mit UAK-Streifen am Turm (= Unterseeboot-Abnahme-Kommando). Am achteren Ende sowie vorn sind je ein 2-cm-Fla-Doppelturm zu erkennen. Auffällig ist der grundlegend verschiedene Turmaufbau gegenüber den Booten vom Typ VII und IX. Der neuartige stromlinienförmige Entwurf hat mit der früheren Generation von U-Booten, wie sie bei Kriegsbeginn vorhanden waren, nichts mehr gemein. Der Typ XXI mit einer Höchstgeschwindigkeit unter Wasser von 17,2 kn erschien zu spät, um die Waagschale des Krieges noch zugunsten Deutschlands zu neigen.

Ein Flugzeug der US-Marine greift ein aufgetauchtes U-Boot an.

wies sich jedoch als Enttäuschung, da er zum frühzeitigen Detonieren neigte, besonders im Kielwasser eines Schiffes.

3. Um der Gefahr aus der Luft besser begegnen zu können, wurde bei den Typen VII und IX die Flakbewaffnung durch zusätzliche 2-cm-Doppel- und -Vierlingslafetten verstärkt. Doch auch hier entsprachen die Ergebnisse nicht den Erwartungen, da die U-Bootführung von der falschen Voraussetzung ausging, daß eine aufgetaucht fahrende Gruppe von U-Booten ihr Feuer wirksam vereinigen könnte, um Luftangriffe abzuwehren. Ende Mai 1943 erteilte Dönitz die Weisung, diese Taktik allgemein anzuwenden. Demgemäß traten Gruppen von vier bis fünf U-Booten gemeinsam den Marsch durch die Biskaya bei hellem Tageslicht an. Auch diese Taktik erwies sich als illusorisch, denn die alliierten Flugzeuge änderten sofort ihre Angriffstaktik. Sie griffen zu mehreren die U-Boote gleichzeitig aus verschiedenen Richtungen an, um die deutschen Fla-Geschützbedienungen zu verwirren und ihr Feuer aufzusplittern.
   Anfang August 1943 widerrief Dönitz seinen Befehl, nachdem alliierte Flugzeuge vier U-Boote versenkt hatten, die aufgetaucht die Biskaya durchquerten.
4. Nachdem das im August 1942 eingeführte FuMB 1 »Metox« im Frühjahr 1943 durch das neue britische Flugzeugradar mit 9 cm Wellenlänge unwirksam geworden, führte das zufällig in einem bei Rotterdam abgeschossenen britischen Bomber erbeutete Radargerät zur Entwicklung eines neuen Funkmeßbeobachtungsgerätes (FuMB). KAdm. Stummel, der neue Chef des MND (2./Skl.), intensivierte die Hochfrequenzforschung für den U-Bootkrieg und bereits im Oktober 1943 konnten die ersten U-Boote mit dem neuen FuMB 7 »Naxos« (Reichweiten von ca. 20 km) ausgerüstet werden. Als im Februar 1944 auf deutscher Seite erkannt wurde, daß die Alliierten auf die 3-cm-Wellenlänge übergegangen waren, erhielten die U-Boote im Mai/Juni 1944 das FuMB 26 »Tunis« mit der Dipolantenne »Fliege« für die 9-cm-Welle (wie beim »Naxos«) und dem neuen Hornstrahler »Mücke« für die 3-cm-Welle. Mit ihm konnten Reichweiten bis zu 50 km erzielt werden. Doch noch immer verbanden lose Kabel durch das Turmluk die Antenne mit dem Anzeigegerät im Boot. Mit Radar anfliegende Gegnerflugzeuge konnten jetzt wieder rechtzeitig erkannt werden.
5. Erstmals im August 1943 vor Neustadt/Holstein auf den Schulbooten *U 57* und *U 58* erprobt, war der Schnorchel ein alternatives Verfahren, um bei Unterwasserfahrt statt der E-Motoren die Dieselmotoren zu benutzen. Der Schnorchel bestand aus einem beiklappbaren Doppelrohr, das zum einen atmosphärische Luft in das U-Boot saugte und zum anderen die Dieselabgase ausblies, während das Boot knapp unter der Wasseroberfläche fuhr. Ein automatisches Schwimmerventil an seinem Kopf verhinderte das Einströmen von Seewasser bei Wellengang. Bei Schnorchelfahrt konnten die U-Boote durch Flugzeugradar nicht mehr geortet werden.
   Ende 1943 ging der Einbau der Schnorchelanlagen in die vorhandenen Frontboote langsam voran.
   Anfang 1944 kehrten die U-Boote in die britischen Gewässer zurück, aus denen sie sich 1940/41 zurückgezogen hatten. Doch angesichts der starken U-Abwehrmaßnahmen ergaben sich nur magere Erfolge.
   Eine verbesserte Schnorchelanlage – zu spät eingeführt, um eine wesentliche Auswirkung auf den Ausgang des Krieges zu haben – und die Indienststellung der ersten Boote des Typs XXI und XXIII ermöglichten es der deutschen Seite, Anfang 1945 eine neue Offensive zu beginnen, ohne die unvermeidliche Niederlage verhindern zu können.

U 19 *(Typ II B)* – *KKpt. Lohmayer*

U 46 *(Typ VII B)* – *Kptlt. Endraß*

U 47 *(Typ VII B)* – *KKpt. Prien*

U 123 *(Typ IX B)* – *KKpt. Hardegen*

U 94 *(Typ VII C)* – *Kptlt. Kuppisch*

U 174 *(Typ IX C)* – *KptzS. Thilo*

U 487 *(Typ XIV)* – *ObltzS.d.R. Metz*

U 643 *(Typ VII C)* – *Kptlt. Speidel*

Einfahrt zum U-Bootbunker Trondheim, September 1944: links **U 953** *vom Typ VII C und rechts* **U 861** *vom Typ IC D_2. Beide Boote weisen eine verstärkte Flakbewaffnung auf, darunter ein 3,7-cm-Geschütz auf dem unteren Teil des Turmumbaus und eine 2-cm-Zwillingsflak auf dem oberen Teil. Damals führte* **U 953** *ObltzS. Herbert Werner und* **U 861** *KKpt. Jürgen Oesten.*

6. Schon Anfang der 30er Jahre begann sich der deutsche Ingenieur Prof. Hellmuth Walter mit dem Entwurf eines Untersee-Schnellbootes für Unterwassergeschwindigkeiten bis zu 30 kn zu beschäftigen. Unter Wasser sollten die Dieselmotoren mit einem Kohlensäure-Sauerstoffgemisch (mit Wasserstoffsuperoxyd als Sauerstoffträger) betrieben werden. Dieses neue Antriebssystem erweiterte die Fähigkeiten des Unterseebootes beträchtlich. Es hätte einen 16 bis 19 kn laufenden Zerstörer unter Wasser einholen und angreifen können. Doch Kinderkrankheiten und aufwendige Fertigungsprozesse verlangsamten das Projekt in einem derartigen Ausmaß, daß kein Walter-Boot vor Kriegsende in Dienst gestellt werden konnte. Wäre dies mit einer größeren Anzahl Boote der Fall gewesen, so hätte die Fähigkeit dieser Boote – Geschwindigkeiten unter Wasser bis zu 24 kn zu erreichen – den Alliierten ernste Probleme bereitet, sie zu bekämpfen.
7. Die seit Frühjahr 1943 eingetretenen hohen Verluste veranlaßten Dönitz, Hitler zu drängen, dem beschleunigten Bau neuer U-Bootstypen zuzustimmen, die auf Entwürfen Professor Walters beruhten. Außerdem war der Typ VII C für den Kampf im Atlantik veraltet, besonders in bezug auf den begrenzten Treibstoffvorrat und die beschränkten Stauräume für Proviant und Munition, die zu kaum erträglichen Lebensbedingungen führten. Ein verbesserter U-Bootstyp, der eher mit der alliierten U-Abwehr fertig werden konnte, mußte entworfen werden. Etwa Mitte 1943 gelangten mehrere Projekte zum Vorschlag. Der zur Fertigung vorgesehene Typ sollte größer als der Typ VII C sein, einen mehr stromlinienförmigen Bootskörper besitzen und zusätzlich eine Schnorchelanlage und eine verbesserte Flakbewaffnung haben. Seine Geschwindigkeit unter Wasser sollte mit voller Torpedoausrüstung aufgrund einer wesentlich verstärkten Batterieleistung (»Elektroboot«) im Bereich von 15–17 kn liegen.

Dies führte zur Entwicklung des Typs XXI zur ozeanischen Verwendung, aufgeteilt zur schnelleren Fertigung in neun Sektionen: erbaut bei 32 Stahlbaufirmen, ausgerüstet bei elf U-Bootwerften und Montage der fertigen Sektionen bei den drei Großwerften Blohm & Voss in Hamburg, A.G. »Weser« (Deschimag) in Bremen und F. Schichau in Danzig. Im Juli 1943 billigte Hitler das von Dönitz geforderte neue Bauprogramm mit der Umstellung auf den Bau der Typen XXI und XXIII und Rüstungsminister Albert Speer stimmte der monatlichen Ablieferung von insgesamt 40 U-Booten ab Herbst 1944 zu. Doch dieses Bauprogramm mußte aus verschiedenen Gründen (u.a. infolge der Kriegslage und der Knappheit an technischem Personal) drastisch verringert werden.

Im Hafen von Narvik, 1944: Die Besatzung von **U 307** *ist zur Musterung angetreten. Von links nach rechts: ObltzS.d.R. Krüger, der Kommandant, die beiden Wachoffiziere und der L.I., gefolgt von den Portepee-Unteroffizieren (mit Schirmmütze) und den Unteroffizieren (Maate). Vor seiner Verlegung zur 13. U-Flottille nach Trondheim gehörte das Boot vom Typ VII C zur 8. U-Flottille in Danzig. Es fiel am 29. April 1945 den Wasserbomben der britischen Fregatte* **LOCH INSH** *vor Murmansk zum Opfer (37 Tote).*

Im Gegensatz zu ihren Vorgängern sollten die Boote vom Typ XXI nicht in Gruppen sondern selbständig operieren. Vorgesehen war, sich dem Geleitzug mit hoher Unterwassergeschwindigkeit (max. 17,2 kn) von vorn oder achtern zu nähern, einen Fächer aus drei LUT-Torpedos zu schießen und unter dem Geleitzug die Rohre nachzuladen. Um die Fühlung am Ziel zu halten, standen als neue akustische Ortungsanlagen das passive Gruppenhorchgerät in Balkon-Anordnung unten am Bug und das aktive SU-Gerät »Nibelung« an der Turmvorderkante zur Verfügung.

Vom Typ XXI wurden bis Kriegsende insgesamt 119 Einheiten abgeliefert. Im März 1945 hatten 30 dieser U-Boote ihr Erprobungs- und Ausbildungsprogramm abgeschlossen. Doch in den letzten Tagen des Krieges kamen nur zwei Boote des Typs XXI – *U 2511* und *U 3008* – am 30. April bzw. am 5. Mai 1945 noch zum Einsatz. Den Großteil der Boote des Typs XXI versenkten ihre Besatzungen bei Kriegsende im Zuge des Unternehmens »Regenbogen« selbst.

Der kleine Küstentyp

Parallel zum Typ XXI erfolgte die Entwicklung eines neuen Küsten-U-Bootes – des Typs XXIII –, ein kleines Boot, entworfen zur küstennahen Verwendung, insbesondere im Schwarzen Meer und im Mittelmeer. In seiner sehr geringen Größe waren die Lebensverhältnisse für seine Besatzung außerordentlich beengt. Die gesamte Bewaffnung bestand aus zwei Bugtorpedorohren, die von außen geladen werden mußten. Der Bau des Typs XXIII erfolgte in vier Sektionen mit Endmontage auf derselben Bauwerft. Von den bis Kriegsende insgesamt fertiggestellten 59 Einheiten kamen nur noch vier dieser U-Boote zum Einsatz. Sie versenkten ohne eigenen Verlust vier britische Schiffe.

Im Januar 1944 standen insgesamt 456 U-Boote zur Verfügung (einschl. Erprobung, Ausbildung, Werft). Nach der Einführung des Schnorchels Ende 1943 waren die U-Boote schwerer zu orten, als sie wieder in den britischen Gewässern zum Einsatz kamen. Doch infolge des mit bloßem Auge erkennbaren Kielwassers, das der Schnorchel verursachte, konnte er nur bei Nacht sicher benutzt werden. Infolgedessen verbrachten die Besatzungen der Boote den Tag auf ihren Kojen liegend, schweigsam und bewegungslos, um Sauerstoff zu sparen, bis es die Dunkelheit gestattete, durch den knapp über die Wasseroberfläche ausgefahrenen Schnorchel wieder frische Luft anzusaugen und in das Boot zu leiten.

Im Gegensatz zur deutschen Seite gewannen die Alliierten immer mehr an Stärke. Dönitz' Entscheidung, die U-Boote wieder in den britischen Gewässern zu konzentrieren, erleichterte ihre Aufgabe, da die Geleitfahrzeuge nicht mehr inmitten des Atlantiks zur Unterstützung heranstürmen mußten. Wie auf deutscher Seite, so hatten die Alliierten ihr Waffenarsenal ebenfalls verbessert. Den »Hedgehog« hatte der »Squid« ersetzt, eine dreirohrige, mörserähnliche Waffe, die Wasserbomben wie Granaten über den Bug des Geleitschiffes verschoß. Eine Kombination aus Asdic und Tiefenmesser diente der Feuerleitung. Mit 175 kg Gewicht sank die Wasserbombe mit einer Geschwindigkeit von 14 m/s, rund zweimal so schnell wie die Bomben des »Hedgehog«. In nur 8 - 10 Sekunden schlugen sechs Bomben etwa 250 m vor dem feuernden Geleitfahrzeug ins Wasser. Sie detonierten in einem Bereich, der die Form eines stehenden Zylinders in den Abmessungen 50 x 20 m hatte.

Zusammen mit dem »Squid« wurde Anfang 1944 das in den USA gebaute MAD-Gerät (Magnetic Detector) eingeführt und erfolgreich in der Straße von Gibraltar eingesetzt. In einem Flugzeug untergebracht, maß das Gerät die magnetischen Anomalien, die von einem getauchten Unterseeboot ausgingen. Sobald das U-Boot geortet war, griff das Flugzeug mit Raketen an, oft in Zusammenarbeit mit Geleitschiffen.

Schließlich warfen Flugzeuge eine »Sonoboje« ab, d.h. ein Horchgerät mit Funksender, der die Ortungsdaten innerhalb seiner Reichweite – 35 sm bei einem in 1500 m Höhe fliegenden Flugzeug – an das Flugzeug übermittelte. Beim Auftreffen auf die Wasseroberfläche aktivierte die schwimmende Sonoboje ein Mikrofon, das von der Boje aus in 7 m Wassertiefe herabhing und die Geräusche eines anwesenden U-Bootes erfaßte.

Gemetzel im Atlantik

Im Februar 1944 griffen die U-Boote mehrere Geleitzüge an. Oft im Zusammenwirken mit der Luftwaffe handelnd, gelang es der deutschen Seite nicht, wesentliche Erfolge zu erzielen, während sie selbst schwere Verluste erlitt und diese Art kombinierter Angriffe bald gänzlich aufgab. Inzwischen hatten die amerikanischen »Hunter-Killer-Groups« ihre Offensive gegen die in den Seegebieten der Azoren, rund um die Kapverdischen Inseln und um Ascension ope-

Ein seltenes Foto von einem aufgetaucht fahrenden U-Boot des Typs XXI Ende 1944 dicht unter der norwegischen Küste. In den Endphasen des Krieges waren alle Boote dieses Typs dort stationiert.

Dezember 1944: Oberleutnant zur See Erhard Wendelberger, Kommandant von U 720, ein Boot vom Typ VII C. Wie U 155 (Seite 93) wurde auch dieses Boot bei Kriegsende den Briten übergeben, von der deutschen Besatzung Ende Juni 1945 von Wilhelmshaven aus nach Loch Ryan überführt und später im Zuge der Operation »Deadlight« im Atlantik versenkt.

Entwicklung der Brückenformen beim Typ VII B und C

U 73 - U 76 *(Typ VII B)*: eine 2-cm-Flak C/30 in LC 30/37.

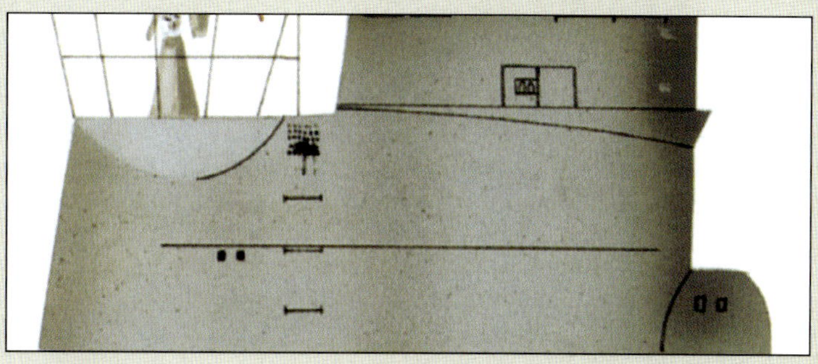

Typ VII C (Normalform 1940 - 1943): eine 2-cm-Flak C/30 in LC 30/37, ab Mitte 1942 zusätzlich 4 x 8 mm MG C/34.

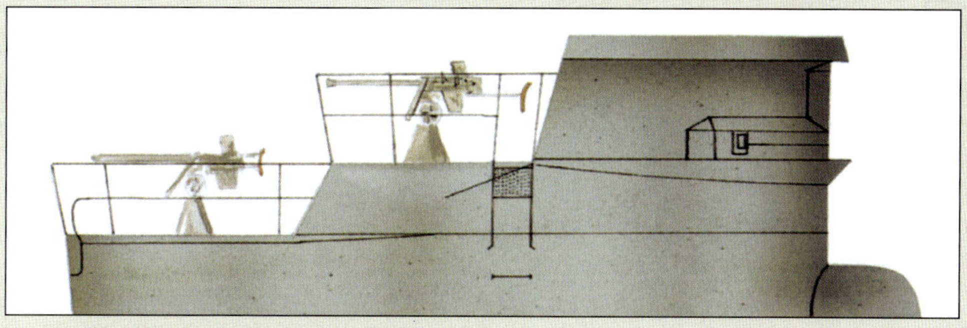

Typ VII C mit »Wintergarten« (Brückenumbau II 1943): 2 x 2-cm-Flak C/38 in LC 30/37. An der Vorderkante Turm das FuMO 29 »Seetakt«.

U 84 *(Typ VII B)* mit erhöhtem Flakstand hinter der Brücke (1943). Flak: 2 x 2 cm C/38 in LC 30/37.

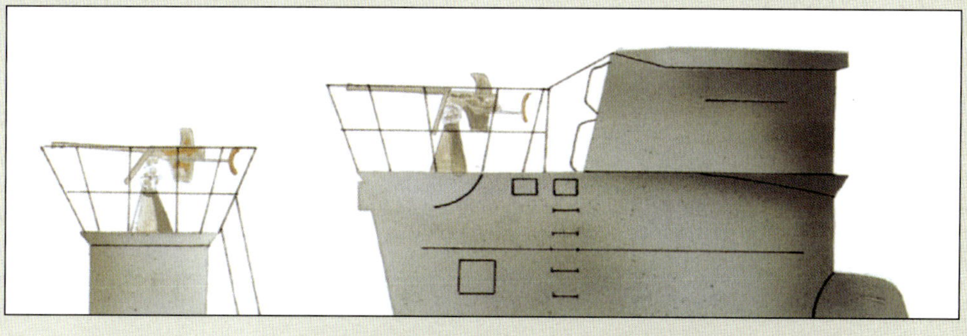

U 81 *(Typ VII C)* mit vergrößerter Brücke 1943 im Mittelmeer. Flak: 2 x 1,32 cm Breda-Zwilling, versenkbar in druckfestem Topf, und 1 x 2 cm C/38 in LC 30/37. Auf der Brücke FuMB 1 »Metox« Antenne 2.

Flakboot U 441 vom Typ VII C (1943). Flak: 2 x 2-cm-Vierling 38/43 U mit Schild und 1 x 3,7 cm S.K. C/30 U in LC 39. Auf der Brücke FuMO 30.

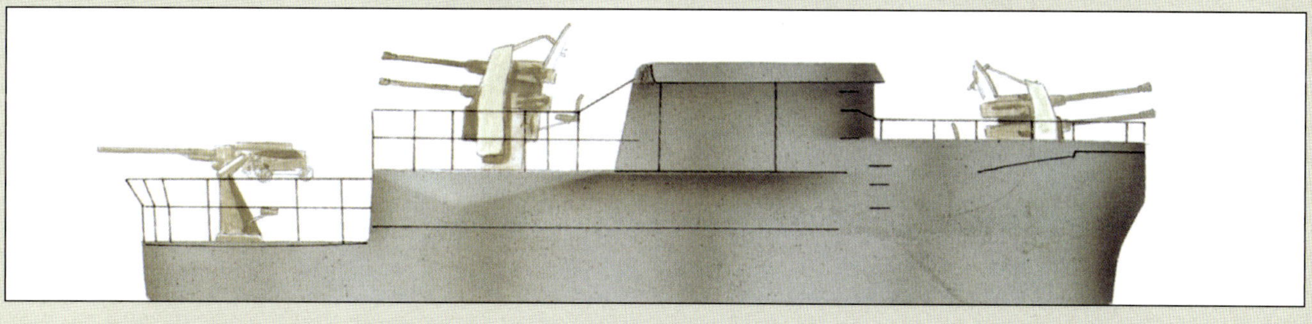

rierenden U-Boote gesteigert. Sie kamen gegen die in diesen Gewässern lauernden »Grauen Wölfe« zu zahlreichen Erfolgen.

Die steigenden Verluste wurden von der U-Bootführung und der Skl. immer wieder den Eigenausstrahlungen der Funkmeßsysteme zugeschrieben, die damit die Position der U-Boote an die Alliierten verrieten. Infolgedessen nahmen die deutschen Wissenschaftler die Entwicklung neuer Funkmeßsysteme in Angriff, auch wenn das FuMB 7 »Naxos« das FuMB 1 »Metox« inzwischen ersetzt hatte. Unter anderem wurde ein wesentlicher Fortschritt mit der Einführung des FuMO 61 »Hohentwiel U« im Winter 1943/44 erzielt, das Schiffe und Flugzeuge aktiv orten konnte. Allerdings benutzten es viele U-Bootkommandanten aus Furcht vor Einpeilung nicht. Auch war der Nutzen nicht mehr sehr groß, da die U-Boote zunehmend getaucht operieren mußten. Eine weitere neuartige Gegenmaßnahme war der »Bold« (im Marinejargon »Pillenwerfer«). Ausgestoßen, entwickelte er eine Wolke aus Wasserstoffbläschen, die der Asdic-Bedienung ein U-Boot vortäuschten und sie vollständig verwirrten. Auch auf den Turmumbauten wurde der Schutz der Bedienungen durch den Einbau gepanzerter Schilde für die Fla-Geschütze verbessert. Das zog allerdings die Stabilität der U-Boote in Mitleidenschaft, denn das zusätzliche Obergewicht ließ die Boote bis zu 30 % stärker rollen.

Im Juni und Juli 1944 gingen im Golf von Biskaya innerhalb von zwei Monaten 16 U-Boote verloren. In dieser Zeitspanne betrugen die Gesamtverluste 51 Boote.

Typ VII C: die Zentrale.

Diese Einbauecke zeigt den vorderen Teil des Kommandantenraumes von U 505 (Typ IX C).

Operation »Neptune«*

Im Juni 1944 warteten die U-Boote in ihren unzerstörbaren Betonbunkern entlang der Küsten von Trondheim bis Saint-Nazaire auf die alliierten Landungen. An der Atlantikküste lagen 35 Frontboote in ihren Stützpunkten, darunter acht mit dem Schnorchel ausgerüstete Boote in La Rochelle und in Brest. Bis zum Juli trafen weitere Boote ein und in deutschen Häfen lagen 14 U-Boote bereit, um in See zu gehen.

Der deutschen Seite war der Ort einer alliierten Landung nicht bekannt. Daher mußte eine weiträumige Verteilung gegeben sein, falls die Invasion in Nordfrankreich stattfand. Um möglichen alliierten Bewegungen in diesem Sektor zu begegnen, mußte der Beginn der Landung abgewartet werden, ehe die verfügbaren U-Boote eingesetzt werden konnten.

Alle von Dönitz gegen die alliierten Landungsverbände eingesetzten U-Boote wurden durch die starke Sicherung zur See und aus der

U 505: ***der Dieselraum mit den beiden Dieselmotoren.***

U 505: ***der Heckraum mit den Torpedorohren V und VI. Die Fotos von U 505 entstanden nach seiner Kaperung durch die USS GUADALCANAL am 4. Juni 1944.***

Luft abgedrängt. Elf U-Boote fielen ihr im Kanal und in der Biskaya zum Opfer und weitere wurden beschädigt. Lediglich die Schnorchel-Boote versenkten fünf Schiffe.

Am 4. August 1944 brachen die Amerikaner bei Avranches aus dem Invasionsraum aus und bedrohten die deutschen U-Bootstützpunkte an der Atlantikküste direkt. Außerdem waren diese Stützpunkte zunehmend massiven Bombenangriffen ausgesetzt. Daher verließen die U-Boote nacheinander zwischen dem 18. August und Ende September 1944 ihre Bunker und traten den Marsch in die relative Sicherheit der norwegischen Gewässer an. Von den 17 im Juni 1944 in Brest stationierten U-Booten gelangten nur vier nach Norwegen. Acht dieser Boote gingen bei Angriffen gegen die Invasionsflotte verloren und fünf fielen dem Gegner beim Marsch nach Norwegen zum Opfer.

Rund 150 sm nordwestlich von Dakar, 4. Juni 1944:* U 505 *(OblzS.d.R. Harald Lange) vom Typ IX C wird nach einem schweren Wasserbombenangriff des Zerstörers USS CHATELAIN erheblich beschädigt zum Auftauchen gezwungen. Die das sinkende Boot verlassende Besatzung wurde bis auf einen Toten von USS CHATELAIN und USS JENKS gerettet und zur USS GUADALCANAL gebracht.

Rechts: Captain Dan Gallery, der Führer der Task Group 22.3, bestehend aus dem Geleitträger USS GUADALCANAL und den Geleitzerstörern USS PILLSBURY, POPE, CHATELAIN, FLAHERTY sowie JENKS, steht auf der Brücke von* U 505 *nach der Kaperung des U-Bootes.

* Die obersten militärischen Planer der Alliierten kamen 1943 in Quebec zusammen, um das Vorgehen für die Landung in Frankreich festzulegen. Hierfür wurde am 25. Mai der Deckname »Overlord« gewählt. Am 7. September empfahl die britische Admiralität allen an dieser Operation Beteiligten, für alle Maßnahmen zur See in Zusammenhang mit »Overlord« den Decknamen »Neptune« zu verwenden.

DER TOD

Werft Blohm & Voss, Juni 1945: Zwei im Bau befindliche U-Boote des Typs XXI – vermutlich U 2564 (links) und U 2562. Deutlich sind die Öffnungen der sechs Bugtorpedorohre zu erkennen. Unterhalb befindet sich die Ausbuchtung des Balkons für das Gruppenhorchgerät.

DER »WÖLFE«

Zwischen dem 1. September und Ende Dezember 1944 fielen den U-Booten insgesamt 16 alliierte Handelsschiffe zum Opfer: 14 in britischen Gewässern (davon 11 aus Geleitzügen), aber nur zwei im Atlantik. Insgesamt durchfuhren 12 168 Schiffe unbelästigt die Kampfzone. Vom 1. Juli bis bis 31. Dezember 1944 versenkten alliierte Geleitflugzeugträger und Zerstörer auf allen Kriegsschauplätzen 41 U-Boote (Gesamtverluste 120 U-Boote), obwohl im Oktober 1944 nur ein einziges Schnorchelboot von den 41 beschädigt wurde, die die Britischen Inseln im Norden umrundeten.

Der folgende Auszug stammt aus dem Kriegstagebuch von Kptlt. Cremer, dem Kommandanten von *U 333*, einem Boot vom Typ VII C:

»An die Geleitzüge heranzukommen, ist unmöglich. Wir verbringen die meiste Zeit auf Grund, sorgfältig auf alle Geräusche lauschend. Alle Lichter sind aus, um Strom zu sparen und eine Überbeanspruchung der Batterien zu vermeiden. Die Männer liegen auf ihren Kojen, um möglichst wenig Sauerstoff zu verbrauchen. Dieses Gefühl der Hoffnungslosigkeit untergräbt unsere Kraft. Pausenlos hallt das Boot vom »Ping-ping« des Asdic, den Schockwellen der Wasserbomben und dem abstumpfenden Dröhnen der Zerstörerschrauben wider.

Inmitten des Getöses befinden wir uns in einem sonderbaren Gemütszustand, zwischen Erstarrung und Schrecken. Plötzlich sind die Geleitfahrzeuge über uns und wir warten auf den nächsten Segen. Es ist zum wahnsinnig werden. Ich frage mich, wie lange die Nerven meiner Männer dieses Schreckenskonzert noch durchstehen. Sie sind dem unerträglichen Druck schon zu lange ausgesetzt. Die Atemluft ist schlecht vom Gestank verrottenden Proviants und vom hohen Anteil an Kohlenmonoxyd. ...

Der Feind beherrscht jetzt die See. Unsere Überlebenschancen sind auf eins zu fünf gesunken. 1942 standen sie noch drei zu fünf. Dies ist eine quälende Erkenntnis. Um eine Ortung zu vermeiden und um die angespannten Nerven meiner Männer zu beruhigen, schalte ich häufig die Lüfter, den Kreiselkompaß und das »Metox« aus, ein unaufhörlicher Hagel an Geräuschen, der wie eine Tortur klingt. Infolgedessen wissen wir nicht mehr, wo wir sind. Eine Grundberührung kann uns Schrauben und Ruder unreparierbar beschädigen – oder sogar ein Leck verursachen. Keiner wird je von unseren Leiden erfahren.«

Die neuen U-Boote vom Typ XXI und XXIII liefen im April 1945 der Front zu. 1943 hätten 290 Boote vom Typ XXI gebaut und im Februar 1944 von diesen 140 in Dienst gestellt werden sollen.

Doch die Alliierten, deren Nachrichtendienste nicht müßig waren, unterschätzten die neue

1945: Ein von den Briten erbeutetes U-Boot vom Typ XXIII.

Bergen, 1945: U 2506 vom Typ XXI der 11. U-Flottille. Dieses Foto entstand am 9. Mai wenige Tage nach dem ausgegebenen und kurz darauf widerrufenen Stichwort »Regenbogen«, dem Befehl zur Selbstversenkung der deutschen U-Boote.

Bergen, Mai 1945: Vier U-Boote vom Typ XXI liegen festgemacht im Hafen. Deutlich ist in der Bildmitte bei einem der Boote der ausgefahrene Schnorchel zu sehen.

Portsmouth/USA, 14. Mai 1945:* U 805 *(KKpt. Bernardelli) vom Typ IX C war der 33. U-Flottille in Penang/Malaya zugeteilt. Nach Eingang des Befehls zur Kampfeinstellung lief das U-Boot den amerikanischen Hafen Portsmouth an. Im Bild übernehmen Seeleute der US-Marine das Boot, während sich die deutsche Besatzung noch an Bord befindet. Zwischen den beiden Seerohren ist deutlich die Antenne des FuMB 7 »Naxos« zu erkennen, dem Nachfolger des »Metox«. Die Flakbewaffnung im achteren Bereich des Turmaufbaus besteht aus einem 2-cm-Geschütz 38 in LC 30/37 und zwei 2-cm-Geschützen 38 in Doppel-LM 43 U.

Werft A.G. »Weser«, Bremen, 1945: Das fast fertiggestellte* U 3043 *(Bau-Nr. 1202) vom Typ XXI, durch einen britischen Luftangriff im Februar 1945 auf der Helling beschädigt. Die deutsche Kapitulation verhinderte einen umfassenden Fronteinsatz dieser Boote.

Bedrohung nicht. Dies führte zu einer unablässigen Bombardierung der Bauwerften und der Wasserwege in Norddeutschland, auf denen die fertigen Sektionen für die neuen Boote zur Küste transportiert wurden. Im Dezember 1944 waren 80 Boote vom Typ XXI und 31 Boote vom Typ XXIII an die Kriegsmarine abgeliefert worden. Doch die Besatzungen mußten auf die neuen Boote umgeschult werden, die sich von den früheren Typen völlig unterschieden. Im Januar 1945 erfolgten schwere Luftangriffe der USAAF und der RAF auf die Ausbildungszentren für die neuen Boote und ergaben ernsthafte Verzögerungen im Programm. Um die Lage noch zu verschlimmern, war auch die Ostsee den größten Teil des Winters über vereist.

Schwere Verluste der U-Boote

Im Januar 1945 verließen die ersten beiden Frontboote vom Typ XXIII – *U 2322* (ObltzS. Heckel) und *U 2324* (ObltzS. Hass) – ihren U-Bootbunker in Bergen zum ersten Einsatz vor der britischen Ostküste, wobei das erstere ein Schiff versenkte. Die in diesen Wochen zum Einsatz gelangenden sechs Boote vom Typ XXIII versenkten insgesamt vier alliierte Schiffe ohne eigene Verluste.

Doch in den letzten fünf Kriegswochen erlitten die U-Boote, die aus ihren Stützpunkten an der Ostsee (Kiel) den Verlegungsmarsch zu den Stützpunkten in Norwegen antraten, durch alliierte Flugzeuge schwere Verluste.

Am 25. Februar 1945 belief sich die Iststärke der U-Bootwaffe auf 440 Einheiten.

Von rechts:* U 3514, U 2511 *und* U 2506 *vom Typ XXI der 11. U-Flottille liegen im Päckchen festgemacht im Hafen von Bergen.

Der Typ XXI

Bereits Anfang 1933 hatte der deutsche Ingenieur Prof. Hellmuth Walter die Idee für ein Untersee-Schnellboot mit einer Wasserstoffsuperoxyd-Turbine. Das Projekt wurde jedoch zunächst von der Kriegsmarine abgelehnt, die den neuen Entwurf als eine Ablenkung vom Bau der konventionellen Typen VII und IX betrachtete, deren Baurate gesteigert werden mußte, um die Verluste in der Atlantikschlacht auszugleichen. Doch Dönitz hatte die Möglichkeiten des Walter-Entwurfs erkannt. Anfang 1943 begann Marinebaudirektor Prof. Oelfken mit der Entwicklung eines neuen dieselelektrischen U-Bootes mit verstärkter Batteriekapazität und der äußeren Form des Walter-Entwurfs: der Typ XXI, das modernste U-Boot seiner Zeit. Die technischen Daten lauteten: 1819 t unter Wasser, 76,6 m Länge, max. 15,6 kn über und 17,2 kn unter Wasser, Fahrtstrecke 15 500 sm bei 10 kn über und 110 sm bei 10 kn unter Wasser, Tauchzeit 20 s, Tauchtiefe 120 bzw. 240 m, Ausfahrschnorchel, 57 Mann Besatzung. Bei Schnorchelfahrt (5 - 6 kn) konnte das U-Boot 11 Tage unter Wasser bleiben. Die aktive Schallortungsanlage »Nibelung« ermöglichte Zielerfassung und Torpedoschuß aus der Tiefe. Die Bewaffnung bestand aus sechs Torpedorohren mit insgesamt 23 Torpedos sowie aus vier 2-cm-Fla-Geschützen in Doppeltürmen vor und hinter der Brücke. Nur zwei der insgesamt 119 vom Typ XXI gebauten U-Boote gelangten noch zum Fronteinsatz: *U 2511* (KKpt. Schnee) und *U 3008* (Kptlt. Manseck). Die Briten versenkten das erstere im Zuge der Operation »Deadlight« und übergaben das letztere an die USA. Eine große Anzahl der in Dienst gestellten Boote dieses Typs wurde von den eigenen Besatzungen Anfang Mai 1945 selbstversenkt.

Hiervon waren nur 177 Frontboote, zumeist veraltete Boote vom Typ II, VII und IX sowie zwei bis drei vom Typ XXI; während sich 199 Boote in der Erprobung, weitere 38 in der Ausbildung und der Rest in der Werft befanden. Insgesamt 114 Boote waren im Bau.

Am 30. April 1945 lief *U 2511* als erstes Boot vom Typ XXI aus Bergen zur Feindfahrt aus, um in den Atlantik zu gelangen. Das Boot führte KKpt. Adalbert Schnee, ein erfolgreicher U-Bootkommandant und zuletzt Admiralstabsoffizier in der Skl. Er hatte den Auftrag, den Atlantik im Unterwassermarsch zu erreichen, da beim Typ XXI die Batterien im Tauchzustand aufgeladen werden konnten. Beim Marsch durch die Nordsee ortete eine britische Korvette das U-Boot. Doch es entzog sich, tiefer tauchend, seinem Verfolger, indem es etwa eine Stunde lang mit 16 kn ablief.

Am 4. Mai 1945, kurze Zeit nach dem Eingang des Befehls von Dönitz zur Kampfeinstellung, stieß Schnee auf einen starken britischen Kampfverband, bestehend aus einem Schweren Kreuzer und mehreren Sicherungszerstörern. *U 2511* untertauchte unentdeckt die Zerstörersicherung und führte einen simulierten Angriff durch, der zum Erfolg geführt hätte. Schnee schrieb hierüber in seinem Bericht:

»Unsere Annäherung vollzog sich in völliger Heimlichkeit. Unbemerkt erhöhten wir immer nur kurz die Geschwindigkeit, um dichter an unser Ziel heranzukommen. Ein Zickzackkurs hätte dem Kreuzer nichts genutzt, da wir unter Wasser jeder seiner Bewegungen folgten. Ein Angriff mit dem Typ XXI war ein Kinderspiel, insbesondere im Vergleich zu den früheren Typen.«

Am selben Tag, dem 4. Mai 1945, ordnete Dönitz die Einstellung aller Kampfhandlungen an. Zu diesem Zeitpunkt standen noch 40 U-Boote in See. Am 5. Mai verabschiedete sich Dönitz von der U-Bootwaffe:

»Meine U-Bootmänner! Sechs Jahre U-Bootkrieg liegen hinter uns. Ihr habt gekämpft wie die Löwen. Eine erdrückende Materialübermacht hat uns auf engstem Raum zusammengedrängt. Von der verbleibenden Basis aus ist eine Fortsetzung des Kampfes nicht mehr möglich.

U-Bootmänner! Ungebrochen und makellos legt ihr nach einem Heldenkampf ohnegleichen die Waffen nieder.«

Die meisten U-Bootkommandanten begrüßten den Befehl zur Kampfeinstellung mit Erleichterung, wenn auch einige diesen Gedanken nicht ertragen konnten. Ein paar U-Boote liefen neutrale

U-Boote vom Typ XXI auf den Helgen der Montagewerft A.G. »Weser« in Bremen. Das im Juni 1945 aufgenommene Foto läßt erkennen, daß die alliierten Luftangriffe die deutsche Industriekapazität zwar erheblich beeinträchtigten, aber nicht zum Erliegen brachten.

7. U-Flottille – Saint-Nazaire

6. U-Flottille – Saint-Nazaire

3. U-Flottille – La Pallice/La Rochelle

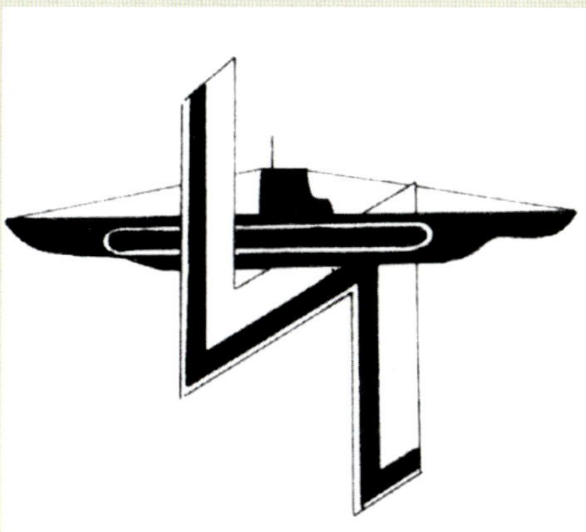

2. U-Flottille – Lorient

1. U-Flottille – Brest

29. U-Flottille – Mittelmeer

11. U-Flottille – Bergen

9. U-Flottille – Brest

12. U-Flottille – Bordeaux

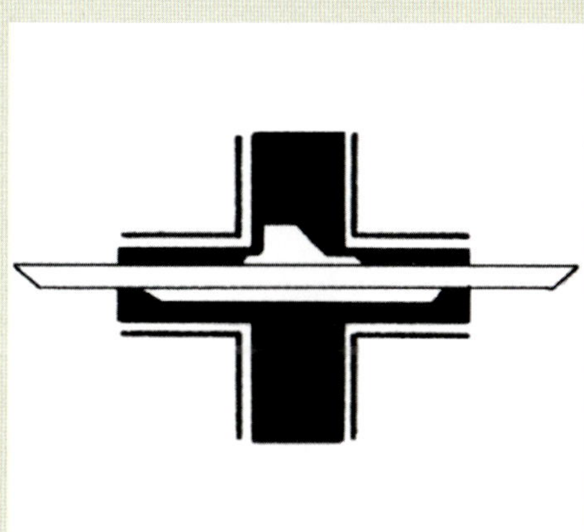

10. U-Flottille – Lorient

Der Typ XXIII

Ein Küsten-U-Boot von nur 34,68 m Länge und einer Verdrängung von 258 t unter Wasser, entworfen für das Mittelmeer und die küstennahe Verwendung. Nachteilig waren seine geringe Größe und das Mitführen von nur zwei Torpedos. Die übrigen technischen Daten lauteten: max. 12,5 kn unter und 9,7 kn über Wasser, Fahrtstrecke 4450 sm bei 6 kn und 194 sm bei 4 kn, Tauchzeit 14 s, Tauchtiefe 80 bzw. 160 m, Ausfahrschnorchel (max. 10,75 kn), 2 Bugtorpedorohre, 14 Mann Besatzung. Die ursprüngliche Planung sah im Herbst 1943 den Bau von 140 Einheiten bei der Deutschen Werft in Hamburg vor, später wurde auch die Germaniawerft in Kiel einbezogen. Die Prioritätsverlagerung auf den Typ XXI führte zur Ablieferung von lediglich 59 Einheiten. In den letzten Kriegswochen kamen noch sechs dieser U-Boote zum Fronteinsatz; sie versenkten vier britische Schiffe ohne eigene Verluste.

Häfen an, zwei gingen nach Argentinien und weitere fünf nach Japan. Die übrigen U-Boote liefen in ihre Stützpunkte ein.

Am 9. Mai ergaben sich neun U-Boote den Alliierten, während 10 weitere Boote ihre deutschen und norwegischen Stützpunkte anliefen.

Am 6. Juni 1945 befanden sich 97 U-Boote in britischer Hand, darunter 17 vom Typ XXIII und eines vom Typ XXI (*U 3035*). Unter Führung von Kptlt. Hans Schaeffer traf *U 977* nach mehreren Wochen ereignisreicher Fahrt in Argentinien ein.

Die deutschen U-Boote versenkten nach britischen Angaben 2827 alliierte Handelsschiffe mit insgesamt 14 675 792 BRT. Zusätzlich fielen ihnen (einschl. der sowjetischen) 149 Kriegsschiffe zum Opfer und insgesamt 30 284 alliierte Seeleute verloren ihr Leben.

Von den 153 den Siegern übergebenen U-Booten erhielten die Briten 21 vom Typ XXIII und 10 vom Typ XXI. Weitere Boote übernahmen die Amerikaner, die Franzosen und die Sowjets. Zwischen 1935 und 1945 wurden 1171 U-Boote gebaut und in Dienst gestellt. Hiervon gingen 968 Boote verloren, allein 630 im Fronteinsatz. Den größten Anteil an den U-Bootversenkungen hatten land- und trägergestützte Flugzeuge. Von den insgesamt über 41 000 U-Bootfahrern verloren im Verlaufe des Krieges rund 26 600 ihr Leben und weitere 5000 gerieten in Gefangenschaft – die höchste Verlustrate, die eine Waffengattung der deutschen Wehrmacht im 2. Weltkrieg erlitt.

Portsmouth/USA, 14. Mai 1945: Kptlt. Thilo Bode, Kommandant von* U 858, *mit Besatzungsangehörigen. Auch dieses Boot vom Typ IX C lief nach der Kapitulation Portsmouth an.

Lisahally/Nordirland:* U 2502, U 3514 *und* U 3017 *vom Typ XXI, von den Briten in Norwegen erbeutet und im Juni 1945 überführt.

U 3008 *vom Typ XXI wurde bei Kriegsende von den Briten in Kiel erbeutet und am 21. Juni 1945 den USA als Kriegsbeute übergeben. Bei der US-Marine blieb das Boot zu Versuchszwecken bis 1955 in Dienst, ehe es abgebrochen wurde. Das Foto zeigt das U-Boot am 25. Juli 1947 in Key West/Florida. Der Turm erfuhr einen erheblichen Umbau. Die 2-cm-Doppeltürme vor und hinter der Brücke sowie die S-Anlage »Nibelung« wurden entfernt. Auf dem Turm rechts ist eine Radarantenne und links der ausgefahrene Schnorchel zu sehen. Die US-Marine bezog aus diesem U-Bootentwurf Anregungen für den wenige Jahre später erfolgten Bau des Atomunterseebootes NAUTILUS.*

Hafen von Bergen, Frühjahr 1945: Vier U-Boote der 11. U-Flottille liegen im Päckchen festgemacht. Sie führen noch die Kriegsflagge. Ganz links ein Boot vom Typ VII C; die drei anderen sind vom Typ XXI: von rechts U 3514, U 2511 *(KKpt. Adelbert Schnee) und* U 2506. *Auf dem linken und rechten Boot vom Typ XXI (Bug zum Betrachter) ist an der Vorderkante des Turms als Ausbuchtung deutlich die aktive Schallortungsanlage »Nibelung« zu erkennen.*

Kieler Förde am Hindenburgufer, Mai 1945: Die Wracks zweier XXIer Boote: von links U 3505 *und* U 3040 *(am Turm noch der gelbe Ausbildungsstreifen). Im Hintergrund das auf der Seite liegende Wrack des Passagierschiffes NEW YORK der Hapag, das einem alliierten Luftangriff zum Opfer fiel.*

Bedeutende Kommandanten der deutschen U-Bootwaffe

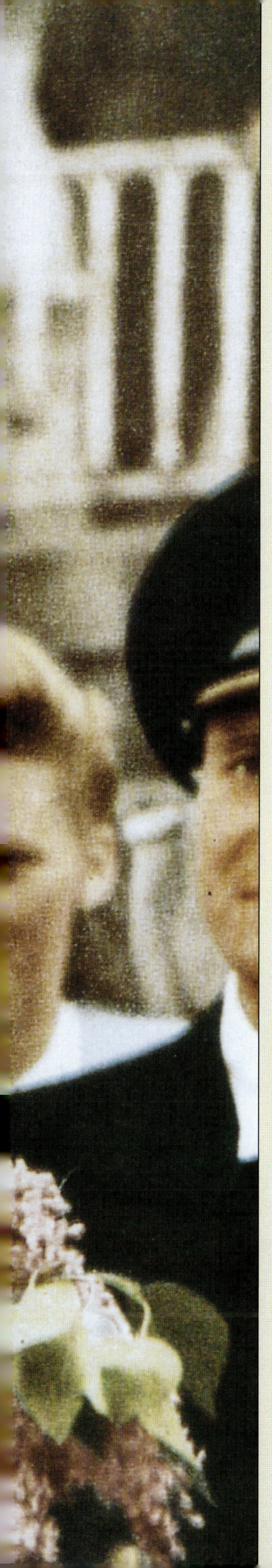

Von der Wiedergeburt der deutschen U-Bootwaffe im Jahre 1935 bis zur Kapitulation im Mai 1945 wurden von der Kriegsmarine insgesamt 1418 U-Bootkommandanten ausgebildet, viele von ihnen zu spät, um noch ein eigenes Kommando zu erhalten.

Verluste: Von diesen 1418 Männern fielen 540 im Fronteinsatz, vier verübten Selbstmord, zwei wurden kriegsgerichtlich verurteilt und erschossen, einer wurde degradiert und fiel auf einem Vorpostenboot und 34 gerieten in alliierte Kriegsgefangenschaft.
Auszeichnungen: Von den U-Bootkommandanten erhielten
- 121 das Ritterkreuz des Eisernen Kreuzes,
- 28 das Eichenlaub zum Ritterkreuz des Eisernen Kreuzes,
- 5 das Eichenlaub mit Schwertern zum Ritterkreuz des Eisernen Kreuzes und
- 2 (die damaligen Korvettenkapitäne Lüth und Brandi) das Eichenlaub mit Schwertern und Brillanten zum Ritterkreuz des Eisernen Kreuzes.

Außerdem erhielten das Ritterkreuz des Eisernen Kreuzes
- 14 Leitende Ingenieure und
- 7 Mannschaftsdienstgrade von U-Booten.

U-Bootverluste: Von den 1171 in Dienst gestellten U-Booten aller Typen gingen insgesamt 968 Boote verloren, allein 630 Boote durch Feindeinwirkung. Den Hauptanteil an den U-Bootversenkungen hatten land- und trägergestützte Flugzeuge. Die übrigen Verluste waren auf Unfälle, Internierung und Selbstversenkung zurückzuführen. Etwa 20 U-Boote blieben aus ungeklärter Ursache verschollen.

Gegen das Kriegsende zu befahl die U-Bootführung, auf das Stichwort »Regenbogen« hin sollten alle noch vorhandenen U-Boote von ihren eigenen Besatzungen versenkt werden, um sie nicht in die Hand des Gegners fallen zu lassen. Dieses Stichwort erging am 5. Mai 1945 kurz nach Mitternacht. Doch schon acht Minuten später erging auf Dönitz' Weisung ein zweiter Funkspruch, der jede Selbstversenkung oder Zerstörung verbot. Viele der in Verwirrung gestürzten U-Bootkommandanten waren der Auffassung, Dönitz handele nicht mehr aus freiem Willen und versenkten ihre Boote trotzdem. So wurden etwa 215 U-Boote selbstversenkt und 153 Boote übernahmen die Alliierten. Von den letzteren wurde der größte Teil im Zuge der Operation »Deadlight« im Atlantik nördlich von Irland versenkt.

U-Booterfolge (nach britischen Angaben): Im Verlaufe des 2. Weltkrieges gingen insgesamt 5142 Handelsschiffe mit 21 543 026 BRT verloren. Hiervon gingen 69,23 % auf das Konto der U-Boote. Ihnen fielen 2827 Handelsschiffe mit insgesamt 14 675 792 BRT zum Opfer. Unberücksichtigt sind die auf U-Bootminen gesunkenen Schiffe. Über 1000 alliierte Handelsschiffe erlitten schwere Beschädigungen. Hinzu kamen 149 versenkte alliierte Kriegsschiffe, darunter 6 Flugzeugträger, 2 Schlachtschiffe und 34 Zerstörer, weitere 45 Kriegsschiffe wurden beschädigt.

Verluste an Menschenleben: Der U-Bootkrieg forderte auf beiden Seiten hohe Verluste an Menschenleben. Von den rund 41 000 U-Bootfahrern verloren im Verlaufe des 2. Weltkrieges etwa 26 600 ihr Leben, die meisten von ihnen waren in den Zwanzigern. Doch auch auf alliierter Seite fielen dem U-Bootkrieg 30 284 Seeleute zum Opfer.

❖ ❖ ❖

Die folgende Kurzdarstellung erfolgreicher U-Bootkommandanten ist der U-Bootwaffe gewidmet.

Kapitänleutnant Erich Topp, Kommandant von U 552, dem »Roten Teufelsboot«, im Hafen von Saint-Nazaire nach der Rückkehr von einer Feindfahrt.

Günther PRIEN

Günther Prien kam 1935 zur U-Bootwaffe, war dann II.W.O. auf *U 26* (Typ I A) und übernahm 1938 als OblzS. *U 47* (Typ VII B) als Kommandant. Am 17. Dezember 1938 Beförderung zum Kapitänleutnant.

In der Nacht vom 13./14. Oktober 1939 wagte er sich in die Höhle des Löwen: den Flottenstützpunkt Scapa Flow der Royal Navy in den Orkneys. Dort versenkte er das Schlachtschiff HMS ROYAL OAK. Auf weiteren acht Feindfahrten zeichneten sich Prien und seine Besatzung in den Gewässern vor Norwegen und im Atlantik aus, obwohl ihn, wie andere Kommandanten auch, die Torpedoversager enttäuschten.

Noch am 1. März 1941 zum Korvettenkapitän befördert, wurde er im Alter von 33 Jahren am 8. März beim Angriff auf den Geleitzug OB 293 mit *U 47* vom Zerstörer HMS WOLVERINE versenkt. Es gab keine Überlebenden. Auf sein Konto kamen 28 Handelsschiffe mit insgesamt 164 953 BRT (Rang 9 unter den Besten).

Otto KRETSCHMER

Am 1. Mai 1912 im schlesischen Heidau geboren, kam er 1930 zur Reichsmarine und 1936 zur U-Bootwaffe. Bei Kriegsbeginn war er als Kptlt. Kommandant von *U 23* (Typ II B) und führte in der Nordsee Handelskrieg (8 versenkte Schiffe) und legte Minen.

Am 11. April 1940 übernahm er als Kommandant *U 99* (Typ VII B) und versenkte auf der ersten Feindfahrt 11 Schiffe. Seine weiteren Feindfahrten in der »Glücklichen Zeit«, als die U-Boote den Atlantik beherrschten, verliefen ebenfalls sehr erfolgreich.

Am 16./17. März 1941 griff KKpt. Kretschmer erfolgreich den Geleitzug HX 112 an. Hierbei wurde *U 99* am 17. März vom Zerstörer HMS WALKER mit Asdic geortet und durch Wasserbomben schwer beschädigt zum Auftauchen gezwungen. Kretschmer und 39 Mann seiner Besatzung gelangten aus dem sinkenden Boot und gerieten in Kriegsgefangenschaft. In einem kanadischen Gefangenenlager erwarb sich »Otto der Schweigsame« mit seinem unbeugsamen Willen den Respekt seiner Gegner.

Mit 44 versenkten Schiffen (insgesamt 266 629 BRT) war FKpt. Kretschmer der erfolgreichste U-Bootkommandant des 2. Weltkrieges.

Joachim SCHEPKE

In die Reichsmarine 1930 eingetreten, glich sein Werdegang dem von Kretschmer. Bei Kriegsbeginn führte Kptlt. Schepke als Kommandant von *U 3* (Typ II A) Minenunternehmen vor der englischen Ostküste durch. Am 3. Januar 1940 übernahm er *U 19* (Typ II B), aber mehrere Feindfahrten in die Nordsee erbrachten nur mäßige Erfolge. Dies änderte sich, als er am 30. Mai 1940 das Kommando über *U 100* (Typ VII B) erhielt.

In den folgenden Monaten griff er mit seinem Boot auf mehreren Feindfahrten eine Reihe von Geleitzügen an und brachte der alliierten Schiffahrt zunehmend schwere Verluste bei.

Am 17. März 1941 fiel *U 100* beim Angriff auf den Geleitzug HX 112 der ersten erfolgreichen Radarortung gegen ein U-Boot zum Opfer und wurde vom Zerstörer HMS VANOC gerammt. Hierbei wurde Schepke getötet. Nur sechs Mann seiner Besatzung konnten von den Briten gerettet werden. Auf sein Konto kamen 59 versenkte Schiffe mit insgesamt 159 130 BRT (Rang 11 unter den Besten).

Heinrich LIEBE

In die Reichsmarine 1927 eingetreten, gehörte auch Liebe von Anbeginn an zur U-Bootwaffe. Von 1936 an führte Kptlt. Liebe *U 2* (Typ II A) als Kommandant. *U 2* gehörte als Schulboot zur U-Bootschule in Kiel, später Neustadt/Holstein. Am 28. Oktober 1938 übernahm er das Kommando von *U 38*, einem Boot vom Typ IX A, das damals zur 6. U-Flottille (U-Flottille »Hundius«) in Wilhelmshaven gehörte.

Von Kriegsbeginn an bis Mitte 1941 machte Kptlt. Liebe von seinem Können Gebrauch und griff zahlreiche britische Geleitzüge an. Hierbei versenkte er 30 Schiffe mit insgesamt 162 333 BRT (Rang 10 unter den Besten).

Im Juni 1941 wechselte er, zum Korvettenkapitän befördert, als Referent ins OKM/Skl. Den Krieg beendete er als Fregattenkapitän.

Engelbert ENDRASS

In Bamberg 1911 geboren und 1935 in die Kriegsmarine eingetreten, war Endraß bis zum Januar 1940 Erster Wachoffizier auf *U 47* unter Prien gewesen und hatte auch an der berühmten Scapa-Flow-Unternehmung mit der Versenkung der HMS ROYAL OAK teilgenommen.

Im Mai 1940 erhielt er als Oberleutnant zur See das Kommando über *U 46* (Typ VII B), das zur 7. U-Flottille in Saint-Nazaire gehörte. Den Turm seines Bootes zierte als Wappen ebenfalls der »Stier von Scapa Flow«, der bereits den Turm von *U 47* geschmückt hatte. In dieser Zeit erfolgte auch seine Beförderung zum Kapitänleutnant.

Im Oktober 1941 übernahm er *U 567* als Kommandant. Mit beiden U-Booten war Kptlt. Endraß an zahlreichen Geleitzugschlachten im Atlantik beteiligt. Auf seiner zweiten Feindfahrt mit *U 567* griff er zusammen mit anderen Booten nordostwärts der Azoren den Geleitzug HG 76 an. Hierbei fiel U 567 am 21. Dezember 1941 den Wasserbomben der Sloop HMS DEPTFORD mit seiner gesamten Besatzung zum Opfer. Auf das Konto von Kptlt. Endraß kamen 22 Schiffe mit 128 879 BRT.

Heinrich LEHMANN-WILLENBROCK

Zur Crew 31 gehörend, war er von Dezember 1939 bis August 1940 zunächst Kommandant von *U 5* (Typ II A) und nahm auch am Norwegen-Unternehmen teil. Am 14. September 1940 stellte Kptlt. Lehmann-Willenbrock das neue *U 96* (Typ VII C) in Dienst, dessen Kommandant er bis zum April 1942 blieb.

Im Februar 1942 gehörte *U 96* zur dritten Welle der Boote vom Typ VII C, die im Zuge des Unternehmens »Paukenschlag« zwischen Neufundland und Kap Hatteras operierten. Inzwischen zum Korvettenkapitän befördert, versenkte Lehmann-Willenbrock auf dieser Feindfahrt 5 US-Handelsschiffe. Nach seiner Rückkehr wurde er für kurze Zeit Kommandant von *U 256*.

Im Mai 1942 übernahm er bis zum August 1944 die 9. U-Flottille in Brest. Als die Alliierten sich Brest näherten, entkam Lehmann-Willenbrock in einem beschädigten U-Boot nach Bergen. Zum Fregattenkapitän befördert, wurde er im Dezember 1944 bis Kriegsende Chef der 11. U-Flottille. Auf seinen acht Feindfahrten versenkte er 22 Schiffe mit 166 596 BRT (Rang 8 unter den Besten).

Reinhard HARDEGEN

Zur Crew 33 gehörend, kam Reinhard Hardegen im Herbst 1939 zur U-Bootwaffe und war zunächst Wachoffizier auf *U 124* (Kptlt. Schulz) vom Typ IX B. Mit diesem Boot nahm er an zwei Feindfahrten teil. Am 11. Dezember 1940 erhielt er das Kommando über *U 147* (Typ II D) und im Mai 1941 übernahm er von KKpt. Moehle *U 123* als Kommandant, ein in Lorient stationiertes Boot vom Typ IX B. Bereits auf seiner ersten Feindfahrt versenkte er fünf Schiffe. Ende Dezember 1941 gehörte Hardegen mit seinem Boot zur ersten Welle des Unternehmens »Paukenschlag«. In den Gewässern vor der amerikanischen Ostküste erzielte Kptlt. Hardegen große Erfolge, vor allem gegen Tanker, die als ungesicherte Einzelfahrer unterwegs waren. Am 26. März 1942 versenkte Hardegen mit seinem Boot nach einem grimmigen Artillerieduell die als Frachter getarnte U-Bootfalle USS ATIK vor der amerikanischen Ostküste.

Insgesamt versenkte Hardegen 23 Schiffe mit 128 472 BRT. Danach erfolgte paradoxerweise seine Versetzung von der U-Bootwaffe zur 2. Marineinfanterie-Division als Korvettenkapitän und Bataillonskommandeur.

Adalbert SCHNEE

In die Reichsmarine 1934 eingetreten, diente Adalbert Schnee als Leutnant z.S. auf dem Kreuzer LEIPZIG und stieß 1938 zur U-Bootwaffe. Hier fuhr er als Wachoffizier auf *U 23* (Typ II B) und fand danach im Stab des B.d.U. Verwendung. Im Dezember 1939 führte er für kurze Zeit das Kommando auf *U 6* (Typ II A). Im August 1940 übernahm er als OblzS. *U 60* (Typ II C) von Kptlt. Georg Schewe als Kommandant bis zum November 1940. Am 25. Januar 1941 stellte Schnee das neue *U 201* vom Typ VII C in Dienst. Im April 1941 zum Kptlt. befördert, errang er mit diesem Boot seine hauptsächlichen Erfolge in den Geleitzugschlachten im Nordatlantik, wie z.B. gegen den OB 318 und den OG 71 im Zusammenwirken mit *U 552* (Kptlt. Topp). Seine letzte Feindfahrt mit diesem Boot führte Kptlt. Schnee im August 1942 bis in den Südatlantik auf die Höhe von Freetown. Er versenkte insgesamt 24 Schiffe mit 122 987 BRT.

Danach diente Schnee als Admiralstabsoffizier für Geleitzüge im OKM/2.Skl. Am 29. September 1944 übernahm KKpt. Schnee das Kommando über *U 2511*, eines der ersten in Dienst gestellten Boote vom Typ XXI. Doch erst am 30. April 1945 lief er mit *U 2511* zu seiner ersten Feindfahrt aus Bergen aus und konnte die Fähigkeiten des neuen Bootstyps unter Beweis stellen.

Erich TOPP

Zur Crew 34 gehörend, stieß Topp 1938 zur U-Bootwaffe und fuhr als Wachoffizier auf *U 46* (Kptlt. Sohler). Im Mai 1940 übernahm er *U 57* (Typ II C) als Kommandant. Am 3. September 1940 rammte der norwegische Dampfer RONA das U-Boot bei Brunsbüttel, das mit sechs Mann seiner Besatzung unterging. Im November 1940 erhielt OblzS. Topp das Kommando über *U 552*, dessen Kommandant er bis zum August 1942 blieb. Am 31. Oktober 1941 versenkte Kptlt. Topp am Geleitzug HX 156 den US-Zerstörer USS REUBEN JAMES, der zusammen mit britischen Geleitschiffen U-Boote jagte, obwohl die USA noch nicht im Krieg waren. Im Januar 1942 gehörte *U 552* zur ersten Welle der Boote vom Typ VII C im Zuge des Unternehmens »Paukenschlag« im Seegebiet von Neufundland. In den folgenden Monaten erzielte Topp große Erfolge. Insgesamt versenkte er 34 Schiffe mit 193 684 BRT (Rang 3 unter den Besten).

Vom Oktober 1942 bis zum Juli 1944 war KKpt. Topp Chef der 27. U-Flottille in Gotenhafen und führte anschließend bis zum Januar 1945 als FKpt. die »Erprobungsgruppe für Typ XXI«. Danach war er bis Kriegsende Kommandant von *U 2513* vom Typ XXI, das zur 11. U-Flottille in Bergen gehörte.

Reinhard SUHREN

Zur Crew 35 gehörend, fuhr LtzS./OblzS. Suhren vom November 1938 bis zum Oktober 1940 als I.W.O. auf *U 48* (Kptlt Herbert Schultze), dem erfolgreichsten U-Boot des 2. Weltkrieges. Er nahm – sehr ungewöhnlich – als I.W.O. und Torpedooffizier unter drei Kommandanten an neun Feindfahrten teil, die mit 200 000 BRT versenkten alliierten Schiffsraums sehr erfolgreich verliefen. Am 3. April 1941 stellte er – immer noch OblzS. – das neue *U 564* in Dienst, dessen Kommandant er bis zum Oktober 1942 blieb. In diese Zeit fielen seine Beförderung zum Kapitänleutnant und am 1. September 1942 zum Korvettenkapitän. Suhren versenkte insgesamt 17 Schiffe mit 93 917 BRT in 18 Monaten.

Danach gehörte KKpt. Suhren bis zum März 1943 zur 2. U-Bootlehrdivision in Gotenhafen. Anschließend wurde er als Chef des Stabes zur 27. U-Flottille in Gotenhafen versetzt. Im Mai 1944 wurde FKpt. Suhren »Führer der U-Boote Norwegen« (F.d.U. Norwegen/Nordmeer) in Narvik. In dieser Dienststellung verblieb er bis Kriegsende.

Ein britisches Flugzeug versenkte *U 564* am 14. Juni 1943 nordwestlich von Kap Ortegal im Nordatlantik durch Bombentreffer. 28 Angehörige seiner Besatzung fielen.

Hans-Gerrit von STOCKHAUSEN

Zur Crew 26 gehörend, befand sich v. Stockhausen 1939 im OKM/Skl. in Berlin. Auf sein Ersuchen hin wurde er zur U-Bootwaffe versetzt. Am 15. Februar 1940 stellte er als Kapitänleutnant das neue *U 65* in Dienst und blieb dessen Kommandant – inzwischen zum Korvettenkapitän befördert – bis Ende Dezember 1940. Das Boot gehörte 2. U-Flottille in Brest. Seine Feindfahrten führten v. Stockhausen in den Nord- und Mittelatlantik bis auf die Höhe von Freetown. In dieser relativ kurzen Zeit versenkte Kpt. v. Stockhausen 12 alliierte Handelschiffe mit insgesamt 91 351 BRT und beschädigte drei weitere.

Im April 1941 wurde KKpt. v. Stockhausen Chef der 26. U-Flottille in Pillau. In dieser Dienststellung verunglückte er am 14. Januar 1943 tödlich.

Im Januar 1941 übernahm Korvettenkapitän Hoppe *U 65* als Kommandant. Am 28. April 1941 versenkte die britische Korvette HMS GLADIOLUS das U-Boot südostwärts von Island durch Wasserbomben. Es gab keine Überlebenden.

Otto SCHUHART

In die Reichsmarine 1929 eingetreten, diente er zunächst als junger Offizier auf den Kreuzern EMDEN und KARLSRUHE. Zur U-Bootwaffe gestoßen, erhielt er 1938 das Kommando über das zur 2. U-Flottille (U-Flottille »Saltzwedel«) in Wilhelmshaven gehörende *U 29* vom Typ VII A. Von Kriegsbeginn bis Ende 1940 operierte das U-Boot in der Nordsee und im Nordatlantik. Am 17. September 1939 versenkte Kptlt. Schuhart den als Kern einer U-Jagdgruppe eingesetzten britischen Flugzeugträger HMS COURAGEOUS westlich von Irland. Insgesamt versenkte Kptlt. Schuhart 12 Schiffe.

Vom Juni 1943 bis zum September 1944 war Otto Schuhart, der am 1. April 1943 zum Korvettenkapitän befördert worden war, Chef der 21. U-Flottille in Neustadt/Holstein. Anschließend gehörte er bis Kriegsende als Kommandeur der I. Abteilung zur Marinekriegsschule Mürwik in Flensburg.

U 29 wurde am 4. Mai 1945 auf das Stichwort »Regenbogen« hin von seiner Besatzung in der Kupfermühlen-Bucht selbstversenkt.

Harro SCHACHT

Korvettenkapitän Harro Schacht (Crew 26) stellte am 8. Oktober 1941 das neue *U 507* in Dienst, ein Boot vom Typ IX C, dessen Kommandant er bis zu seinem Tode blieb. Anfang 1942 versenkte er auf seiner ersten Feindfahrt 44 782 BRT alliierten Handelsschiffsraum.

Seine zweite Feindfahrt führte ihn mit seinem Boot in den Südatlantik auf die Höhe der brasilianischen Küste. Auf dieser Fahrt versenkte er weitere sechs Schiffe.

Mitte September 1942 beteiligte er sich zusammen mit *U 506* (Kptlt. Würdemann) und dem italienischen Unterseeboot CAPPELLINI (Kptlt. Revedin) zur Unterstützung von *U 156* (KKpt. Hartenstein) an der Rettung der Überlebenden, darunter eine große Anzahl italienischer Kriegsgefangener, des Truppentransporters LACONIA. Die Geretteten übergab *U 507* an die zur Unterstützung herbeigeeilten vichyfranzösischen Kriegsschiffe.

Auf seiner letzten Feindfahrt versenkte KKpt. Schacht im Januar 1943 weitere drei Schiffe mit insgesamt 14 230 BRT in brasilianischen Gewässern. Am 13. Januar 1943 vernichteten die zur Luftsicherung eingesetzten »Catalina«-Flugboote der USN-Aufklärungsstaffel 83 *U 507* mit seiner gesamten Besatzung durch Bombentreffer. Schacht wurde posthum zum FKpt. befördert.

Karl-Friedrich MERTEN

Merten gehörte zur Crew 26 und war zunächst Artillerieoffizier auf dem Kreuzer KÖNIGSBERG, Kommandant des Geleitbootes *F 7* und Kadettenoffizier auf dem Schulschiff SCHLESWIG-HOLSTEIN. Im Mai 1940 meldete sich KKpt. Merten freiwillig zur U-Bootwaffe und fuhr zunächst als Wachoffizier auf *U 38* (Kptlt. Liebe). Am 11. Februar 1941 stellte er das neue *U 68* (Typ IX C) in Dienst, dessen Kommandant er bis zum Januar 1943 blieb. Anfang Dezember 1941 rettete *U 68* zusammen mit *U A* (KKpt. Eckermann) die Besatzungen der ATLANTIS und der PYTHON (414 Mann), als der Kreuzer HMS DORSETSHIRE die letztere versenkte. Im Oktober/November 1942 gehörte *U 68* zur U-Bootgruppe »Eisbär«, der ersten Welle großer U-Boote, die den Schiffsverkehr vor Südafrika angriff. Insgesamt kamen 29 Schiffe mit 180 744 BRT auf sein Konto (Rang 4 unter den Besten).

Im Februar 1943 wurde KKpt. Merten Chef der 26. U-Flottille in Pillau und von April 1943 an übernahm er als Kpt. die 24. U-Flottille in Memel. Nach kurzer Verwendung beim MOK West führte er erneut die 24. U-Flottille und trug zur Evakuierung von 56 000 Zivilisten vor den anrückenden sowjetischen Truppen bei. Nach deren Auflösung wieder zur Verfügung des MOK West, wurde er am 1. Mai 1945 zum Kapitän z.S. befördert.

Fritz-Julius LEMP

Bei Kriegsbeginn war ObltzS. Lemp (Crew 31) Kommandant von *U 30* vom Typ VII A, das zur 2. U-Flottille (U-Flottille »Saltzwedel«) gehörte. Am 3. September 1939 hielt er den abgeblendet fahrenden Passagierdampfer ATHENIA für einen britischen Hilfskreuzer und versenkte ihn südlich der Rockall-Bank. Unter den 112 Toten befanden sich 28 amerikanische Zivilisten.

Die Torpedierung der ATHENIA führte in den USA zu großer Empörung und brachte die deutsche Seite in eine peinliche Lage, zumal Goebbels erklärte, dies wären die Briten selbst gewesen.

Am 21. November 1940 stellte Kptlt. Lemp das neue *U 110* vom Typ IX B in Dienst, mit dem er nur zwei Feindfahrten durchführte. Am Abend des 8. Mai 1941 sichtete *U 110* südlich von Island den Geleitzug OB 318 und versenkte in den Mittagsstunden des 9. Mai zwei Schiffe. Unmittelbar darauf zwangen Schäden durch Wasserbomben der Korvette HMS AUBRIETIA *U 110* zum Auftauchen. Der größte Teil der Besatzung kam vom Boot herunter. Als ein Enterkommando des Zerstörers HMS BULLDOG herankam, versuchte Lemp zurückzuschwimmen, um das Sinken des Bootes zu beschleunigen. Bei diesem Versuch wurde er im Wasser von den Briten erschossen.

Insgesamt versenkte Kptlt. Lemp 19 Schiffe mit 98 890 BRT.

Georg LASSEN

Bei Kriegsausbruch war ObltzS. Lassen (Crew 35) Zweiter Wachoffizier auf *U 9* (Kptlt. Schuhart). Am 16. Oktober 1941 übernahm ObltzS. Lassen das neue *U 160* vom Typ IX C, das anschließend zur 10. U-Flottille in Lorient gehörte. Im März/April 1942 gehörte *U 160* auf seiner ersten Feindfahrt zur vierten Welle vor der Ostküste der USA und versenkte zwischen Kap Hatteras und Kap Lookout fünf Schiffe und beschädigte ein weiteres. Unter den Opfern war auch der 14 647 BRT große britische Dampfer ULYSSES. Im Oktober/November operierte Kptlt. Lassen mit seinem Boot in den Gewässern der Karibik und versenkte dort acht alliierte Schiffe. Im Februar 1943 gehörte *U 160* zur U-Bootgruppe »Seehund«, die vor Südafrika zum Einsatz kam, ein gutes Jagdrevier. Dort kamen sieben versenkte und zwei beschädigte Schiffe auf sein Konto. Insgesamt versenkte Kptlt. Lassen auf vier Feindfahrten 28 Handelsschiffe mit 167 601 BRT (Rang 7 unter den Besten).

Anschließend wurde KKpt. Lassen Chef der Offizierskompanie in der 1. U-Bootlehrdivision in Neustadt/Holstein. Sein Boot erhielt ObltzS. v. Pommer-Esche. Zur Versorgung der ausmarschierenden »Monsun«-Gruppe eingesetzt, fiel es am 14. Juli 1943 südlich der Azoren mit seiner Besatzung einem U-Jagdtorpedo »Fido« zum Opfer.

Herbert KUPPISCH

In die Reichsmarine 1933 eingetreten, erhielt ObltzS. Kuppisch am 4. Februar 1939 das Kommando über das neue *U 58* vom Typ II C, das zur 5. U-Flottille (U-Flottille »Emsmann«) in Kiel gehörte. Nach Kriegsbeginn folgten Minenunternehmungen und Angriffe auf die Schiffahrt an der britischen Ostküste. Am 31. Dezember 1939 beschädigte *U 58* einen britischen Zerstörer.

Am 10. August 1940 stellte Kptlt. Kuppisch das neue *U 94* (Typ VII C) in Dienst und war von November 1940 bis Mai 1941 an mehreren Geleitzugschlachten im Nordatlantik beteiligt. Anschließend fand er als Admiralstabsoffizier im Stabe des B.d.U. Verwendung. Im Frühjahr 1943 wurde Kptlt. Kuppisch für kurz Zeit Kommandant von *U 516* (Typ IX C) und übernahm im Juli 1943 von Kptlt. Jost Metzler *U 847* vom Typ IX D_2 als neuer Kommandant. Beide U-Boote fungierten als Hilfsversorger für andere U-Boote. Vom 12. - 23. August versorgte *U 847* sieben U-Boote in der Sargasso-See. Am 27. August 1943 versenkten Trägerflugzeuge des US-Geleitträgers USS CARD *U 847* in der Sargasso-See mit einem U-Jagdtorpedo »Fido«. Es gab keine Überlebenden. Kptlt. Kuppisch versenkte 18 Schiffe mit 99 681 BRT.

Günter HESSLER

Günter Heßler trat 1927 mit 18 Jahren in die Reichsmarine ein, diente zunächst auf dem alten Linienschiff SCHLESIEN und war 1939/40 als Kapitänleutnant Kommandant des Torpedobootes FALKE. Im April 1940 meldete er sich freiwillig zur U-Bootwaffe und erhielt am 8. Oktober 1940 das Kommando über *U 107* vom Typ IX B.

Heßler (ab September 1941 Korvettenkapitän) führte dieses Boot von seiner Indienststellung im Oktober 1941 bis zum November 1941. Auf einer rund drei Monate dauernden Feindfahrt – der längsten bis zu diesem Zeitpunkt von einem U-Boot durchgeführten – fielen *U 107* allein 14 Schiffe mit 86 699 BRT zum Opfer. Im Verlaufe dieser erfolgreichen Fahrt wurde das Boot vom U-Bootversorger NORDMARK (ähnlich PYTHON) versorgt. Insgesamt kamen auf das Konto von KKpt. Heßler 20 Schiffe mit 115 040 BRT.

Nach der Übergabe seines Bootes an Kptlt. Harald Gelhaus gehörte Heßler von Dezember 1941 bis Kriegsende dem Stab des B.d.U. als 1. Admiralstabsoffizier an. Er wurde in dieser Dienststellung zum Fregattenkapitän befördert.

Ein britisches Flugzeug versenkte am 18. August 1944 *U 107* (LtzS.d.R. Fritz) mit der gesamten Besatzung westlich von La Rochelle durch Bombentreffer.

Werner HARTENSTEIN

Kapitänleutnant Hartenstein (Crew 28) führte zunächst als Kommandant die Torpedoboote SEEADLER (1938/39) sowie JAGUAR (1939 - 1941) und die Geschäfte des Chefs der 6. T-Flottille. Im März 1941 ging er freiwillig zur U-Bootwaffe. Am 4. September 1941 stellte er das neue *U 156* (Typ IX C) in Dienst und wurde zum KKpt. befördert. Auf seiner ersten Feindfahrt im Februar/März 1942 versenkte er fünf (zwei weitere beschädigt) und auf seiner zweiten im Mai/Juni 1942 weitere elf Schiffe.

Am 12. September 1942 versenkte *U 156* den als Truppentransporter fahrenden britischen Passagierdampfer LACONIA (19 695 BRT) mit 1800 italienischen Kriegsgefangenen an Bord. Während der Rettungsaktion wurde das U-Boot von einer amerikanischen »Liberator« mit Bomben angegriffen. Zusammen mit anderen U-Booten rettete KKpt. Hartenstein 1083 Überlebende, die an die zur Unterstützung herbeigeeilten vichy-französischen Kriegsschiffe abgegeben wurden.

Am 8. März 1943 versenkte ein amerikanisches »Catalina«-Flugboot *U 156* ostwärts von Barbados durch Bombentreffer. Es gab keine Überlebenden. KKpt. Hartenstein versenkte insgesamt 20 Schiffe mit 101 507 BRT.

Harald GELHAUS

Oberleutnantz.S. Harald Gelhaus gehörte zur Crew 35 und versenkte im August 1941 sein erstes gegnerisches Handelsschiff als Kommandant von *U 143* (Typ II D), das er von Kapitänleutnant Mengersen übernommen hatte. Im November 1941 übernahm Kptlt. Gelhaus *U 107* von KKpt. Heßler. Im Februar/März 1942 gehörte *U 107* zur zweiten Welle im Zuge des Unternehmens »Paukenschlag« vor der amerikanischen Ostküste. Auch im Mai/Juni 1942 operierte Kptlt. Gelhaus mit seinem Boot zwischen Kap Hatteras und der Straße von Florida sowie für den Rest des Jahres im Mittelatlantik. Das Jahr 1943 sah Operationen dieses Bootes bei Geleitzugschlachten im Seegebiet westlich von Gibraltar und im mittleren Nordatlantik bis in den Mai hinein.

Mit diesem Boot vom Typ IX B versenkte Kptlt. Gelhaus in diesen anderthalb Jahren insgesamt 18 alliierte Handelsschiffe mit 102 023 BRT. *U 107* war eines der erfolgreichsten U-Boote des 2. Weltkrieges. Es versenkte 38 Schiffe mit 217 750 BRT. Hinsichtlich seines Schicksals siehe oben bei Günter Heßler.

Im Sommer 1943 wurde Harald Gelhaus zum Stab des Marinegruppenkommandos Nord/Flottenkommando versetzt.

Werner HARTMANN

Kptlt. Werner Hartmann (Crew 21) war einer der ersten Kommandanten der neuen U-Bootwaffe. Er stellte am 11. Mai 1936 *U 26* (Typ I A) in Dienst auf dem Günther Prien als Wachoffizier fuhr. Vom 1. Oktober 1938 bis zum Dezember 1939 war er als KKpt. Chef der 6. U-Flottille (U-Flottille »Hundius«).

Gleichzeitig übernahm er am 21. September 1939 bis zum April 1940 *U 37* (Typ IX A) als Kommandant und führte mehrere Feindfahrten durch. Nach kurzer Verwendung im Stabe des B.d.U. war FKpt. Hartmann vom November 1940 bis zum November 1941 Kommandeur der 2. U-Bootlehrdivision in Gotenhafen, danach bis Oktober 1942 Chef der 27. U-Flottille.

Im November 1942 übernahm er *U 198* (Typ IX D_2), dessen Kommandant er bis zum Januar 1944 blieb. Unter anderem führte KptzS. Hartmann im Sommer 1943 eine 200 Tage dauernde Feindfahrt in den Indischen Ozean durch, auf der er sieben Schiffe versenkte. Insgesamt versenkte er 24 Schiffe mit 115 616 BRT.

Von Januar bis zum September 1944 war KptzS. Hartmann F.d.U. Mittelmeer und anschließend Einsatzchef der Kleinkampfverbände Italien. Am 14. Februar 1945 übernahm er als Kommandeur das Marine-Grenadierregiment 6 in Norddeutschland.

Herbert Emil SCHULTZE

Kptlt. Herbert Schultze (Crew 30) erhielt am 22. April 1939 das Kommando über das neue *U 48* (Typ VII B), das zur 7. U-Flottille (U-Flottille »Wegener«) in Kiel gehörte. In den ersten Monaten des Krieges war er an der Blockade der Britischen Inseln beteiligt und versenkte auf seinen ersten vier Feindfahrten 16 Schiffe mit 110 974 BRT. Damit überschritt *U 48* als erstes Boot die 100 000-BRT-Grenze. Bei mehreren Gelegenheiten rettete Schultze die Überlebenden der von ihm versenkten Schiffe oder rief neutrale Schiffe herbei, um sie aufzunehmen. Im April 1940 zwang ihn eine schwere Krankheit, das Kommando an KKpt. Rösing abzugeben.

Nach seiner Genesung übernahm Schultze im Dezember 1940 wieder sein altes *U 48* (von Kptlt. Bleichrodt), dessen Kommandant er bis zum Juli 1941 blieb. Erneut versenkte er auf drei Feindfahrten 10 Schiffe. Danach sah *U 48* keinen Fronteinsatz mehr, war aber mit 51 versenkten Schiffen (310 407 BRT) das erfolgreichste U-Boot des 2. Weltkrieges. Kptlt. Schultze versenkte insgesamt 26 Schiffe mit 171 122 BRT (Rang 6 unter den Besten). Von Juli 1941 bis März 1942 war er Chef der 3. U-Flottille in La Pallice/La Rochelle. Danach fand er (seit 1. April 1943 Kpt.) bis Kriegsende als Admiralstabsoffizier im OKM/Skl. Verwendung.

Wolfgang LÜTH

Der Balte Lüth (Crew 33) kam 1936 zur U-Bootwaffe und fuhr auf *U 27* und *U 38* (Kptlt. Liebe) als Wachoffizier. Im Dezember 1939 wurde er als ObltzS. Kommandant von *U 9* (Typ II B) und im Juni 1940 von *U 138* (Typ II D).

Anschließend übernahm er vom Oktober 1940 bis zum April 1942 *U 43* (Typ IX A) als Kommandant und stellte am 9. Mai 1942 *U 181* (Typ IX D_2) in Dienst, dessen Kommandant er bis Oktober 1943 blieb (ab April 1943 KKpt.). Mit diesem Boot unternahm er die zweitlängste Feindfahrt (206 Seetage) des 2. Weltkrieges, die ihn um das Kap bis in das Seegebiet nördlich von Madagaskar führte. Insgesamt versenkte KKpt. Lüth 43 Schiffe mit 225 713 BRT und war damit nach Kretschmer der zweiterfolgreichste Kommandant der U-Bootwaffe.

Zum Fregattenkapitän befördert, übernahm Lüth vom Januar bis Juli 1944 die 22. U-Flottille in Danzig/Gotenhafen. Anschließend wurde er als Kommandeur der I. Abteilung zur Marinekriegsschule Mürwik versetzt. Im September 1944 beförderte ihn Dönitz zum jüngsten Kapitän z.S. und ernannte ihn zum letzten Kommandeur der Marinekriegsschule. Gleichzeitig Standortkommandant von Flensburg erschoß ihn am frühen Morgen des 14. Mai 1945 irrtümlich ein Wachposten des »Wachbataillons Dönitz« auf dem Gelände der Schule.

Claus KORTH

In die Reichsmarine 1932 eingetreten, stellte OblzS. Korth am 29. Dezember 1938 das neue *U 57* (Typ II C) in Dienst, das zur 5. U-Flottille (U-Flottille »Emsmann«) in Kiel gehörte und dessen Kommandant er bis zum Juni 1940 blieb. In dieser Zeit führte Kptlt. Korth an der britischen Ostküste Minenunternehmen durch und versenkte sieben Schiffe, darunter den 10 191 BRT großen britischen Tanker GRETAFIELD. Nach der Übergabe seines Bootes an Kptlt. Topp stellte Korth am 30. Juli 1940 das neue *U 93* (Typ VII C) in Dienst. Dies war im Nordatlantik die »Glückliche Zeit«, in der die U-Bootrudel die schwach gesicherten alliierten Geleitzüge angriffen und gnadenlos jagten. Zwischen Oktober 1940 und September 1941 nahm Korth an fünf Geleitzugschlachten teil und versenkte in Folge neun Schiffe. Insgesamt fielen ihm 16 Schiffe mit 73 311 BRT zum Opfer. Nach der Abgabe seines Bootes im August 1941 wurde er einen Monat später zum Korvettenkapitän befördert und erhielt bis Kriegsende in einem Stab ein Landkommando.

Korths ehemaliges *U 93* fiel am 15. Januar 1942 unter Kptlt. Elfe nordostwärts von Madeira den Wasserbomben des Zerstörers HMS HESPERUS zum Opfer. Bis auf sechs Besatzungsangehörige überlebte die Besatzung den Untergang ihres Bootes.

Werner HENKE

Der Westpreuße Werner Henke (Crew 34) diente als OblzS. zunächst als Kadettenoffizier auf dem Schulschiff »SCHLESWIG-HOLSTEIN« und kam im Frühjahr 1940 zur U-Bootwaffe. Danach fuhr er als I.W.O. auf *U 124* (Typ IX B).

Am 21. Februar 1942 stellte OblzS. Henke das neue *U 515* vom Typ IX C in Dienst, dessen Kommandant er bis zum Untergang des Bootes blieb. Bereits auf seiner ersten Feindfahrt versenkte er 10 Schiffe mit über 58 000 BRT. Im Verlaufe von fünf Feindfahrten kamen insgesamt 25 Schiffe mit 156 829 BRT auf sein Konto (Rang 12 unter den Besten). Auf seiner fünften Feindfahrt geriet *U 515* in die Fänge der erfolgreichen amerikanischen TG 21.12 unter Captain Gallery, die aus dem Geleitträger USS GUADALCANAL und den Geleitzerstörern USS POPE, PILLSBURY, CHATELAIN und FLAHERTY bestand. Nördlich von Madeira wurde am 9. April 1944 *U 515* durch Bombentreffer der Trägerflugzeuge und Wasserbomben der Geleitzerstörer versenkt. Von der 60 Mann starken Besatzung konnten sich 44 Mann retten, darunter Kptlt. Henke, und gerieten in Kriegsgefangenschaft. Unter bis heute nicht ganz geklärten Umständen wurde Werner Henke am 15. Juni 1944 in Fort Meade/Maryland von einem Wachposten beim Fluchtversuch erschossen.

Otto ITES

In die Kriegsmarine trat der Ostfriese Otto Ites 1936 mit 18 Jahren ein. Nach seiner Ausbildung ging er zur U-Bootwaffe und fuhr von 1939 bis 1941 als Wachoffizier auf *U 48* unter den Kommandanten Herbert Schultze, Rösing und Bleichrodt. Für kurze Zeit führte er vom 28. Juli bis in den August 1941 *U 146* vom Typ II D als Kommandant, das zur 1. U-Flottille in Brest gehörte.

Im September 1941 übernahm OblzS. Ites von Kptlt. Herbert Kuppisch *U 94* vom Typ VII C als Kommandant. In der Windward-Passage zwischen Kuba und Haiti sichtete *U 94* am 27. August 1942 den alliierten Geleitzug TAW 15 und hielt Fühlung. Am 28. August sichtete ein amerikanisches »Catalina«-Flugboot der Luftsicherung das aufgetaucht fahrende deutsche U-Boot und griff es mit Bomben an. Nach Bombentreffern wurde das tauchunfähige *U 94* von der herankommenden kanadischen Korvette OAKVILLE der Geleitsicherung durch drei Rammstöße versenkt. Das Boot ging mit 19 Besatzungsangehörigen unter. Die Geretteten gerieten in Kriegsgefangenschaft, darunter auch Kptlt. Otto Ites. Sie überlebten den Krieg in einem Gefangenenlager.

Kptlt. Ites versenkte insgesamt 14 alliierte Schiffe mit 70 211 BRT.

Im Ausgehanzug bei der Eröffnung einer Kunstausstellung, die den U-Boot-besatzungen gewidmet ist: die Kapitänleutnante Erich Topp, Claus Korth, Engelbert Endraß und Herbert Kuppisch.

Uniformen, Ausrüstung, Abzeichen

Ein Kapitänleutnant der U-Bootwaffe im »Kleinen Dienstanzug«, bestehend aus blauer Schirmmütze, blauem Jackett und blauer langer Hose aus marineblauem Feintuch (Serge), weißem Hemd mit schwarzem Langbinder, Dolch und grauen Handschuhen. Getragen wurde dieser Anzug im alltäglichen Dienst, aber auch als »Tagesanzug« außer Dienst. Links am Jackett das Eiserne Kreuz Erster Klasse und das U-Bootkriegsabzeichen, verliehen nach zwei Feindfahrten. Rechts im Knopfloch das Ordensband des Eisernen Kreuzes II. Klasse.

Auf Gefechtsstation! Dieser Matrosengefreite hat über seinem blauen Arbeitsjackett die Schwimmweste angelegt. Mit aufgesetztem blaugrauen Stahlhelm ist er bereit das 2-cm-Fla-Geschütz zu bemannen. Es bildete zusammen mit einem 3,7-cm-Fla- und einem 10,5-cm-Seezielgeschütz die artilleristische Bewaffnung von U 124 (Typ IX B). Auf dem linken Oberärmel der Arbeitsjacke sind aufgenäht: das Dienstgradabzeichen (gelber Winkel mit Stern der Bootsmannslaufbahn) und darunter das Abzeichen für Sonderausbildung als »Unterwasserhorcher« (eine wichtige Funktion auf einem U-Boot): ein Pfeil, der nach unten durch die Wellen dringt (in roter Stickarbeit), jeweils auf blauem Grund.

Anmerkungen zur Abb. rechts:

1. Das Jackett wurde in der Regel nicht als Arbeitskleidung getragen.
2. U-Bootfahrer verwendeten andere Schwimmwesten oder Dräger-Tauchretter.
3. Der fünfzackige Stern weist unseren Gefreiten als Seemann aus (Bootsmannslaufbahn). Die Unterwasserhorcher kamen jedoch aus der Funklaufbahn.

Ein Kapitänleutnant mit blauer Bordmütze und umgehängtem Marineglas 7 x 50 im »U-Boot-Päckchen« für den Dienst an Bord, bestehend aus Bluse und langer Rundbundhose, beides aus grauem Drillich.

Anzug »Großer Seehund« zum Schutz bei schlechtem Wetter für die Wachgänger auf der Brücke eines U-Bootes, das sog. »Ölzeug« aus gummiertem Stoff oder Wachstuch: der »Südwester« als Kopfbedeckung, Mantel, Hose und Seestiefel.

Dieser Matrosengefreite ist zur Wachablösung auf der Brücke bereit, um stundenlang die Kimm und den Himmel abzusuchen. Um bei Nacht die Augen sofort an die Dunkelheit zu gewöhnen, trägt er vor Wachbeginn eine Schutzbrille mit rotgefärbten Gläsern. Die Bordmütze aus marineblauem Feintuch ist auf der linken Seite mit einem Edelweiß verziert. Normalerweise trugen nur die Gebirgstruppen des Heeres das Edelweiß an der Bergmütze; hier ist es das Wappen von U 124. Als Oberbekleidung trägt er die zum »U-Boot-Päckchen« gehörende Lederjacke (ihre Farbe konnte graugrün, braun oder schwarz sein).

Ein Ausguck der Brückenwache im ledernen graugrünen »U-Boot-Päckchen«. Die angelegte Schwimmweste aus ockergelbem Material ist mit zwei Schnallgurten festgezurrt. Zur Herstellung des Auftriebs ist sie mit Kapok gefüllt, wasserdichtes Material aus einem tropischen Baum gewonnen. Der Mann trägt zusätzlich hüfthohe Beinlinge aus graugrünem Gummistoff. Diese robuste Beinbekleidung schützt ihn während der langen Wachen auf der Brücke bei schwerem Wetter. Umgehängt trägt er das Fernglas und das dazugehörige schwarze Lederfutteral.

Anmerkungen:

1. Auf Wache trugen die Ausgucks nie das Futteral zu ihren Ferngläsern. Die Gläser hatten während der Wache an den Augen zu sein. Wurden sie nass oder beschlagen, wurden sie in die Zentrale zum Trocknen gegeben.
2. Schwimmwesten wurden während der Brückenwache nicht getragen. Die Schwimmweste und das Futteral hätten die Brückenwächter auf dem engen Turm zusätzlich beengt.
3. Die Rotlichtbrille wurde während der Brückenwache nicht getragen. Beim Aufentern blieb sie in der Regel in der Zentrale.

Am 15. Mai 1944 stiftete Dönitz für die U-Bootwaffe ein neues Abzeichen: die »U-Boot-Frontspange« in Bronze und am 24. November 1944 die Ausführung in Silber. Bis Mitte 1944 hatten die U-Bootverluste beträchtlich zugenommen; Boote und Besatzungen schwanden unter den Schlägen der Alliierten dahin.

Das am 13. Oktober 1939 geschaffene »U-Bootkriegsabzeichen«. Es wurde nach zwei Feindfahrten verliehen und an Rock, Bluse oder Hemd auf der linken Seite getragen.

Nach der Rückkehr von U 106 (Kptlt. Oesten) im Sommer 1941 in den Stützpunkt. Dieser deutsche U-Bootfahrer erhielt zur Begrüßung ein Körbchen Erdbeeren und ein Blumensträußchen, um seine Rückkehr und die Erfolge seines Bootes zu feiern. Vom Knopfloch der rechten Tasche seiner Bluse hängt an kunstvoll geknüpfter Schnur die Bootsmannspfeife herab. An seiner Bordmütze ist ein »Sägefisch« zu erkennen: das Wappen seines Bootes. Das Foto stammt aus den glücklicheren Tagen des U-Bootkrieges, als die U-Boote noch den Atlantik beherrschten.

Künstlerisches: Gemälde, Propagandaplakate und Postkarten

In den beiden ersten Kriegsjahren, als die deutsche Wehrmacht zwei Drittel Europas eroberte, verfolgten Kriegsmaler das Kampfgeschehen. Ihre Zeichnungen und Gemälde drückten – oft mit dramatischem Realismus – die Siege der Teilstreitkräfte aus.

1941 erhielten diese Aktivitäten eine offizielle Billigung, als Hitler – beeindruckt durch die Qualität und den Realismus der Arbeiten, die er gesehen hatte – dem Oberkommando der Wehrmacht befahl, einige der besten Künstler auszuwählen, die die deutschen Truppen bei ihren Einsätzen an allen Fronten zu begleiten hatten.

Im Verlaufe des Krieges fanden zahlreiche Ausstellungen ihrer Werke statt, auch in besetzten Hauptstädten wie Amsterdam, Brüssel oder Paris. Von 1935 bis 1945 entstanden etwa 32 000 Gemälde durch Künstler, die das NS-Regime offiziell anerkannt hatte.

Bei Kriegsende stellte Captain Gordon Gilkey, Leiter der Historischen Abteilung im Hauptquartier der US-Streitkräfte Europa, 8722 Gemälde und Zeichnungen zur Ausstellung in amerikanischen Museen sicher.

Diese Werke wurden 1982 mit gesetzlicher Billigung durch den amerikanischen Kongreß an Deutschland zurückgegeben.

Ein Werbeplakat der Kriegsmarine für die freiwillige Meldung zur U-Bootwaffe.

1941: Ein U-Boot im Trockendock des U-Bootbunkers Saint-Nazaire. (Marinemaler Adolf Bock)

Geleitzugschlacht 1941: Auf der Brücke eines angreifenden U-Bootes. (Kohlezeichnung von Olaf Jordan)

Ein Werbeplakat der Kriegsmarine.

Alarmtauchen! (Viktor Tress, 1942)

Konteradmiral Karl Dönitz

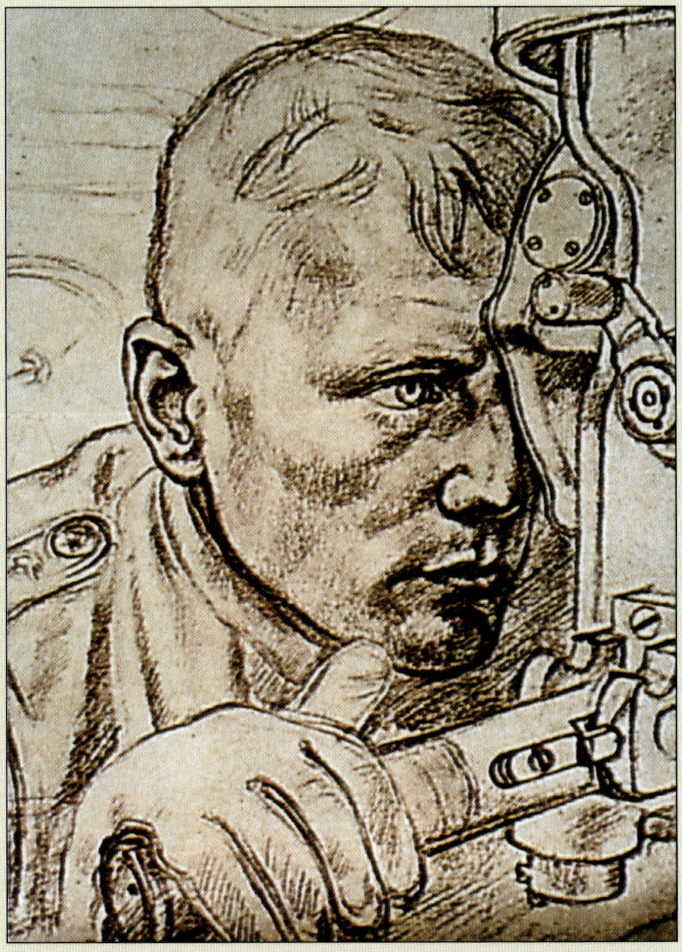

Kapitänleutnant Otto Schuhart am Sehrohr von U 29

Oberleutnant z.S. Otto Ites (U 146, U 94)

Kapitänleutnant Otto Schuhart (U 29)

Oberleutnant z.S. Engelbert Endraß (U 46, U 567)

Kapitänleutnant Joachim Schepke (U 100)

Kapitänleutnant Günther Prien (U 47)

Kapitänleutnant Fritz Frauenheim (U 21, U 101)

Kapitänleutnant Herbert Schultze (U 48)

I. Wachoffizier auf der Brücke eines U-Bootes

ObltzS.(Ing.) Hans Wessels, Leitender Ingenieur (U 47)

Torpedomechanikersmaat im Bugraum eines U-Bootes

In der Zentrale eines U-Bootes

Der Leitende Ingenieur an Bord von U 29 (Kptlt. Otto Schuhart)

Anmerkung des Übersetzers: Die vorstehenden kolorierten Postkarten, ausgegeben ab 1940, zeigten Offiziere und Mannschaften des Heeres, der Marine und der Luftwaffe, die damals durch ihre Taten in Presse, Rundfunk und Wochenschau besondere Erwähnung fanden, sowie auch allgemeine Szenen. Absicht des Reichsministers für Volksaufklärung und Propaganda, Dr. Goebbels, war es, vor allem die deutsche Jugend für den Krieg zu begeistern und ihr »Helden« zu liefern. Die Postkarten waren bei der damaligen Jugend begehrte Sammlerstücke und wurden oft von Lehrern und »Hitlerjugend«-Führern als Anerkennung für gute Leistungen vergeben. Die Erziehung der Jugend zum Krieg als erklärtes Ziel der NS-Propaganda wurde zusätzlich durch Buchreihen wie z.B. »Ritterkreuzträger erzählen« (u.a. KKpt. Lüth/Kptlt. Korth »Boot greift wieder an«) und die »Kriegsbücherei der deutschen Jugend« sowie durch einschlägige Filme (u.a. »U-Boote westwärts«) gefördert.

Ein U-Bootkommandant sucht die See durch das Sehrohr ab. (Zeichnung von Julius C. Schmitz-Westerholt, 1944)

Gegner in Sicht! Kommandant und zwei Ausgucks auf der Brücke eines U-Bootes. (Öl auf Leinwand von Rudolph Hausknecht, 1943)

In einem U-Bootstützpunkt an der französischen Atlantikküste 1941: Der Befehlshaber der U-Boote, Admiral Dönitz, zeichnet den Kommandanten eines U-Bootes nach erfolgreicher Feindfahrt vor der angetretenen Besatzung mit dem Ritterkreuz des Eisernen Kreuzes aus. (Öl auf Leinwand von Eduard Schloemann, 40 x 70 cm)

Ein U-Boot auf hoher See irgendwo im Atlantik. (Öl auf Leinwand, 57 x 42 cm)

Drei U-Boote im Hafen von Saint-Nazaire. (Marinemaler Adolf Bock)

In den Kinos und im Fernsehen

Auf der Brücke links im Bild der »Alte«, im Hintergrund rechts der Oberfähnrich z.S. Ullmann. Gedreht wurde diese Szene im »Bavaria«-Filmstudio. Der »Turm mit Brücke« befand sich inmitten eines großen Wassertanks.

Die Spärlichkeit des Szenenbildes scheint nicht die entspannte Stimmung dieser Seeleute beim gemeinsamen Frühstück im Unteroffiziersraum zwischen Zentrale und Dieselraum zu beeinträchtigen.

Wasserbombenverfolgung durch ein britisches Kriegsschiff beim Versuch, in die Straße von Gibraltar einzulaufen.

Das Boot (Fernsehfilm)

Seine Erfahrung als Propaganda-Kriegsberichterstatter nutzend, beruht der Roman »Das Boot« von Lothar-Günther Buchheim auf den Erinnerungen aus zwei Feindfahrten in der »Glücklichen Zeit«, als die U-Boote den Atlantik beherrschten.

In seiner Eigenschaft als Kriegsberichterstatter nahm Buchheim an zwei Feindfahrten teil: die erste im Herbst 1941 an Bord von *U 96* unter Kptlt. Heinrich Lehmann-Willenbrock und die zweite ein paar Monate später an Bord von *U 309*.

Unter der Regie von Wolfgang Petersen war der in dreijähriger Arbeit (1979 - 1981) entstandene Film sowohl in Deutschland wie auch im Ausland ein Erfolg. Die Innenaufnahmen wurden in den »Bavaria«-Filmstudios in München-Geiselgasteig gedreht. Dort war das sorgfältig rekonstruierte Innere eines U-Bootes außerordentlich realistisch aufgebaut worden.

Die Leistungen der Schauspieler waren überzeugend, besonders Jürgen Prochnow in der Rolle des »Alten«, des Kommandanten von *U 96*.

Die Außenaufnahmen wurden im U-Bootbunker in La Pallice/Frankreich gedreht. Zu diesem Zweck war die Attrappe eines U-Bootes vom Typ VII C im Maßstab 1 : 1 gebaut worden, die ein kleiner Motor für Überwasserfahrt antrieb.

U 96 *läuft aus dem U-Bootbunker in La Pallice aus. Diese Szene wurde vor einem echten U-Bootbunker mit der Attrappe eines U-Bootes vom Typ VII C im Maßstab 1 : 1 gedreht.*

Vertieft in das Studium der Seekarte in der Zentrale beraten Kommandant und Obersteuermann (rechts) über den weiteren Kurs des U-Bootes.

Jürgen Prochnow in der Rolle des »Alten«, dessen Vorbild Kapitänleutnant Lehmann-Willenbrock war, der Kommandant von U 96, bis dieser im Mai 1942 die in Brest stationierte 9. U-Flottille übernahm.

Duell im Atlantik (Kinofilm)

Auf Alfred Rayners Roman beruhend, erzählt der Film von einem unbarmherzigen Duell zwischen einem deutschen U-Boot und einem amerikanischen Zerstörer.

U 121, kommandiert von Kptlt. v. Stolberg, ist zu einem Treffpunkt mit einem deutschen Handelsstörer irgendwo im Atlantik unterwegs, um auf einem alliierten Schiff erbeutete Schlüsselunterlagen abzuholen. Doch dem U-Boot wird dies nicht gelingen; geortet von einem amerikanischen Zerstörer, geführt von Captain Hurrel, wird *U 121* zu einem verzweifelten Kampf gezwungen, nachdem es vergebens versucht hatte, seinen Verfolger abzuschütteln.

1957 unter der Regie von Dick Powell von der »Twentieth Century Fox« produziert, stellt der Film die geistige Auseinandersetzung zwischen v. Stolberg und Hurrel – eindrucksvoll von Curd Jürgens und Robert Mitchum dargestellt – in den Vordergrund, wie sie versuchen, sich einander in einem tödlichen Versteckspiel auszumanövrieren, das nur mit der Vernichtung von einem der Kontrahenten enden kann.

Für den Film wurde ein britisches Kriegsschiff – HMS HECATE – in einen amerikanischen Zerstörer verwandelt, während ein U-Boot vom Typ II B als *U 121* diente. Im Kriege gehörte das echte *U 121* zu einer U-Flottille in Pillau als Schulboot und wurde am 2. Mai 1945 in Wesermünde (Bremerhaven) selbstversenkt.

Die erfolgreichsten Kommandanten

1. Weltkrieg:	Versenkte Tonnage:
Kapitänleutnant Lothar Arnauld de la Perière*	453 716 BRT
Kapitänleutnant Walter Forstmann*	384 304 BRT
Kapitänleutnant Max Valentiner*	299 326 BRT
Kapitänleutnant Otto Steinbrinck	231 614 BRT
Kapitänleutnant Hans Rose	213 987 BRT

* Zugleich die erfolgreichsten U-Bootkommandanten beider Weltkriege.

2. Weltkrieg:	Versenkte Tonnage:
Korvettenkapitän Otto Kretschmer	266 629 BRT
Korvettenkapitän Wolfgang Lüth	225 713 BRT
Korvettenkapitän Erich Topp	193 684 BRT
Korvettenkapitän Karl-Friedrich Merten	180 744 BRT

ObltzS. Engelbert Endraß wird nach erfolgreicher Feindfahrt von Admiral Karl Dönitz mit dem Ritterkreuz des Eisernen Kreuzes ausgezeichnet.

Die erfolgreichsten U-Boote beider Weltkriege

1. Weltkrieg:	Versenkte Tonnage:
U 35	535 900 BRT
U 39	398 564 BRT
U 38	292 977 BRT
U 34	258 990 BRT
U 53	217 508 BRT

2. Weltkrieg:	Versenkte Tonnage:
U 48	310 407 BRT
U 99	244 600 BRT
U 103	231 100 BRT
U 124	218 100 BRT
U 107	217 500 BRT

U-Flottillen

1. U-Flottille (U-Flottille »Weddigen«)
stationiert in Kiel und später von Brest/Frankreich aus operierend. Juni 1939: *U 9 • U 13 • U 15 • U 17 • U 19 • U 21 • U 23.*

2. U-Flottille (U-Flottille »Saltzwedel«)
stationiert in Wilhelmshaven und später von Lorient/Frankreich und Norwegen aus operierend. Juni 1939: *U 25 • U 26 • U 27 • U 28 • U 29 U 30 • U 31 • U 32 • U 33 • U 34 • U 35.*

3. U-Flottille (U-Flottille »Lohs«)
stationiert in Kiel und später von La Pallice/La Rochelle in Frankreich und Norwegen aus operierend. Juni 1939: *U 12 • U 14 • U 16 • U 18 U 20 • U 22 • U 24.*

4. U-Flottille: Schulflottille, ab Mai 1941 in Stettin stationiert.

5. U-Flottille (U-Flottille »Emsmann«)
stationiert in Kiel, ab Juni 1941 Schulflottille. Juni 1939: *U 56 • U 57 U 58 • U 59.*

6. U-Flottille (U-Flottille »Hundius«)
stationiert in Wilhelmshaven/Danzig und später von Saint-Nazaire/Frankreich aus operierend. Juni 1939: *U 37 • U 38 • U 39 • U 40 U 41.*

7. U-Flottille (U-Flottille »Wegener«)
stationiert in Kiel und später von Saint-Nazaire/Frankreich und Norwegen aus operierend. Juni 1939: *U 45 • U 46 • U 47 • U 48 U 51 • U 52 • U 53.*

8. U-Flottille:
Schulflottille, ab Oktober 1941 in Königsberg und Danzig stationiert.

9. U-Flottille:
ab November 1941 in Brest/Frankreich stationiert.

10. U-Flottille:
ab Januar 1942 in Lorient/Frankreich stationiert.

11. U-Flottille:
ab Mai 1942 in Bergen/Norwegen stationiert.

12. U-Flottille:
ab Oktober 1942 in Bordeaux/Frankreich stationiert.

13. U-Flottille:
ab Juni 1943 in Trondheim/Norwegen stationiert.

14. U-Flottille:
ab Dezember 1944 in Narvik/Norwegen stationiert.

15. U-Flottille:
Anfang 1945 aufgestellt.

18. - 27. U-Flottille:
Schulflottillen in heimischen Gewässern an Nord- und Ostsee (23. U-Flottille vom September 1941 bis Mai 1942 Frontflottille in Salamis/Griechenland).

29. U-Flottille:
ab Dezember 1941 in La Spezia/Toulon/Pola/Marseille/Salamis stationiert.

30. U-Flottille:
ab Oktober 1942 in Konstanza/Feodosia stationiert.
4., 5., 8., 31. und 32. U-Flottille: ab März 1943 dem F.d.U. Ost in Danzig unterstellt.

33. U-Flottille:
ab 1943 in Penang/Malaya und Kobe/Japan stationiert.

U-Boottypen in Seitenansicht

Typ I A

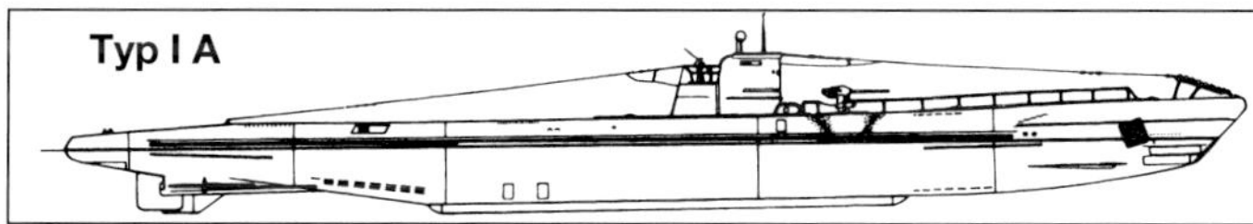

Typ II A

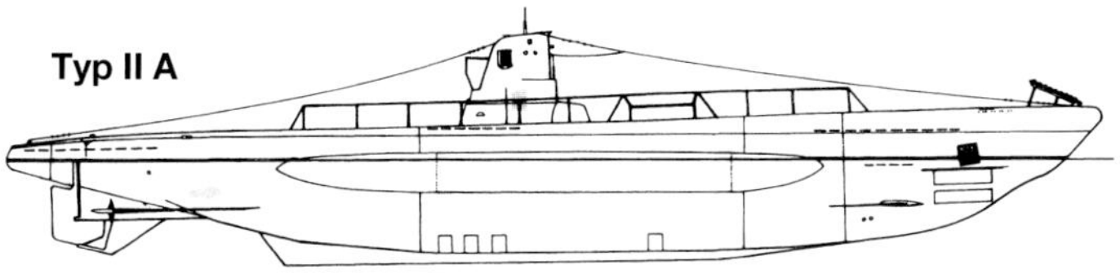

Typ II B

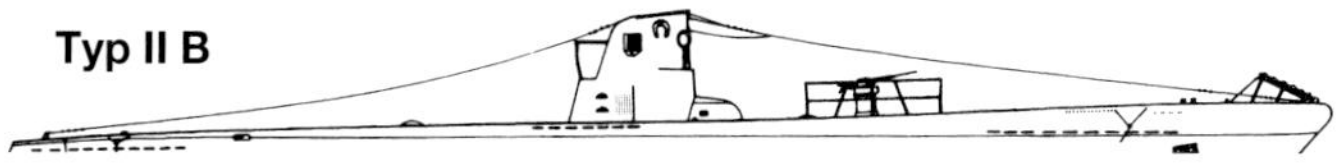

Typ II C

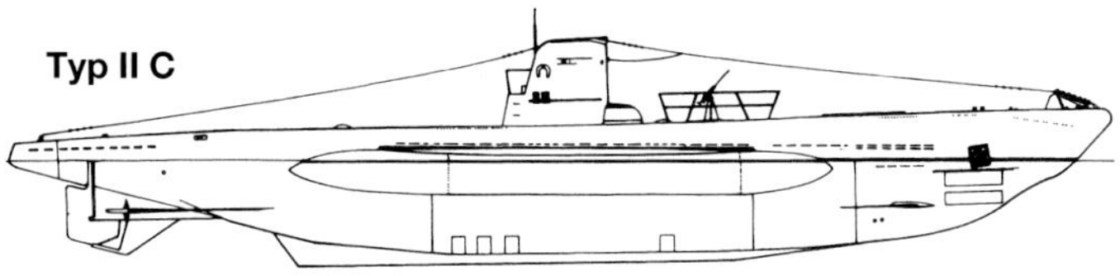

Typ II D

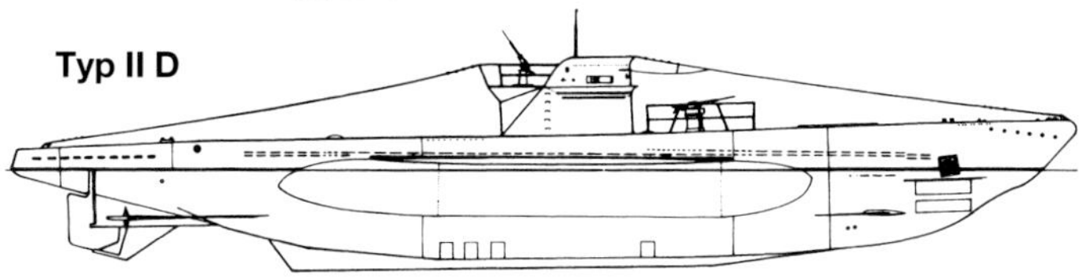

Typ VII A

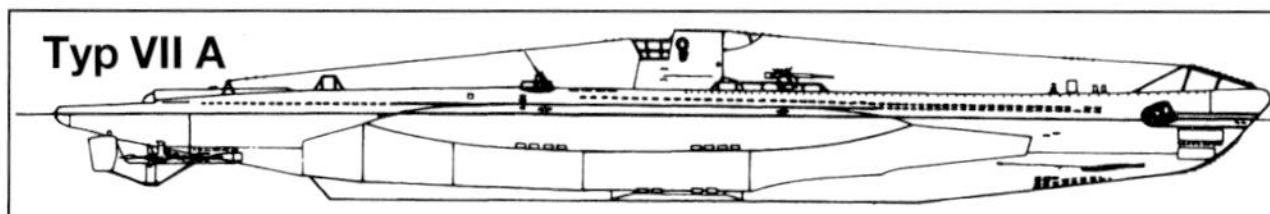

Typ VII B

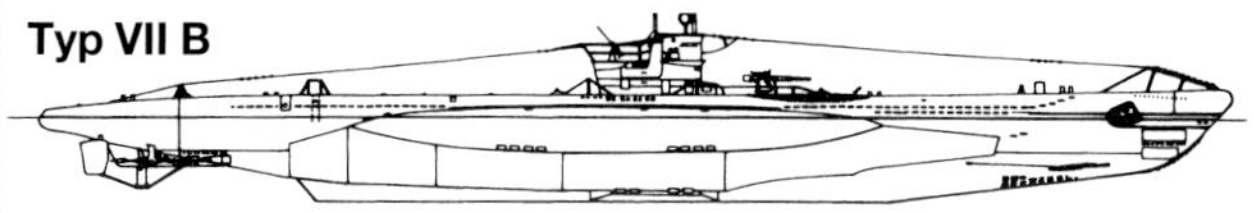

Typ VII C + C/41

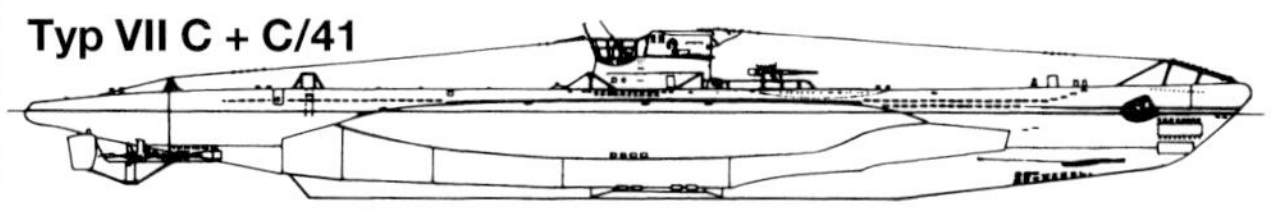

Typ VII D

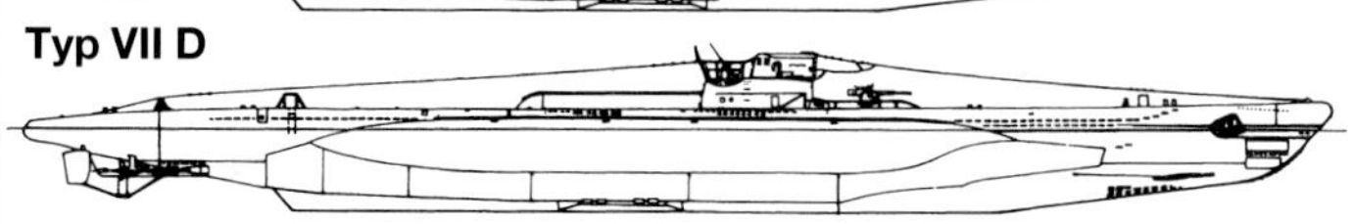

Typ VII F

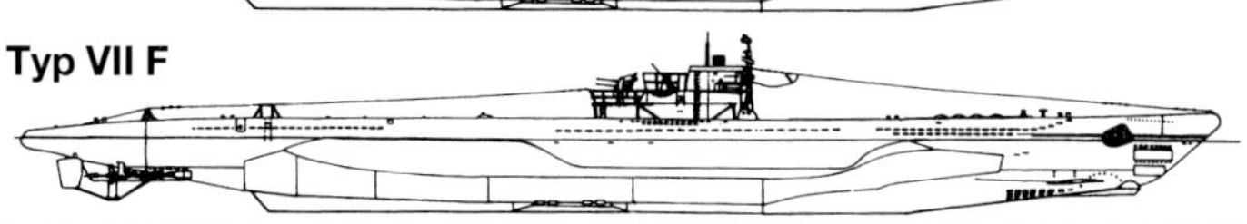

Typ VII C/42

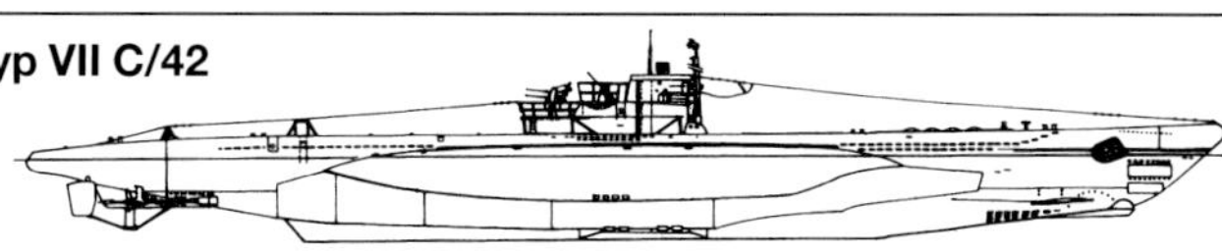

U-Flak 1 (U 441)

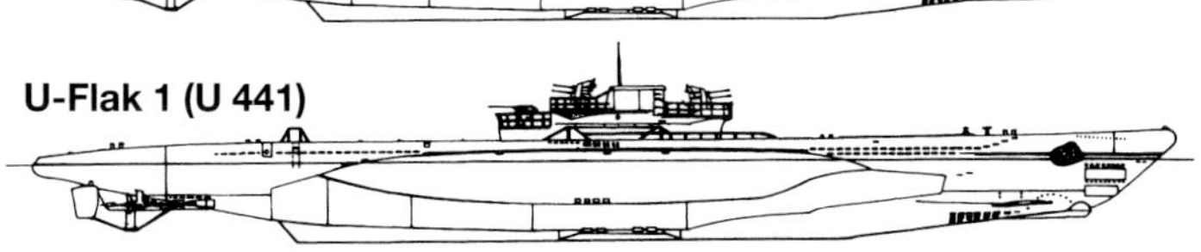

Typ X B

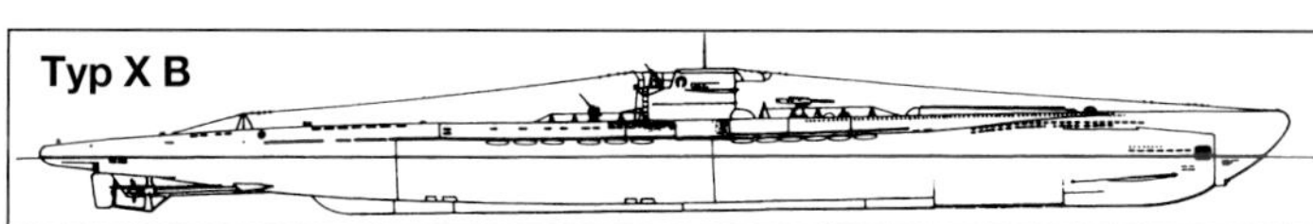

Typ XXIII

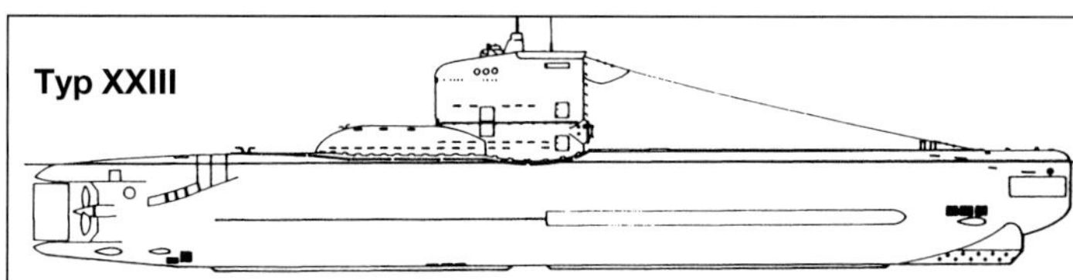

Typ IX A

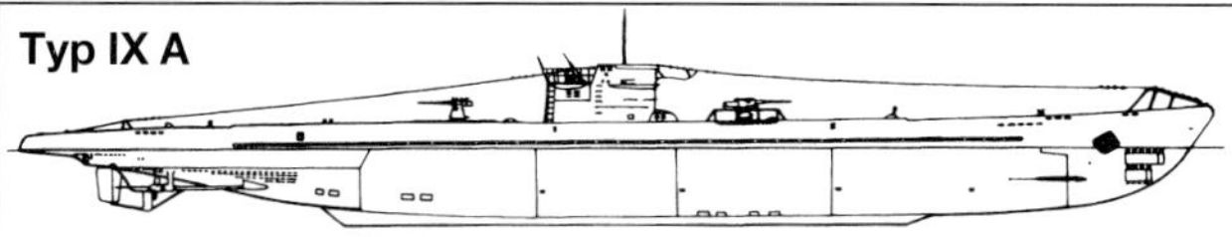

Typ IX B

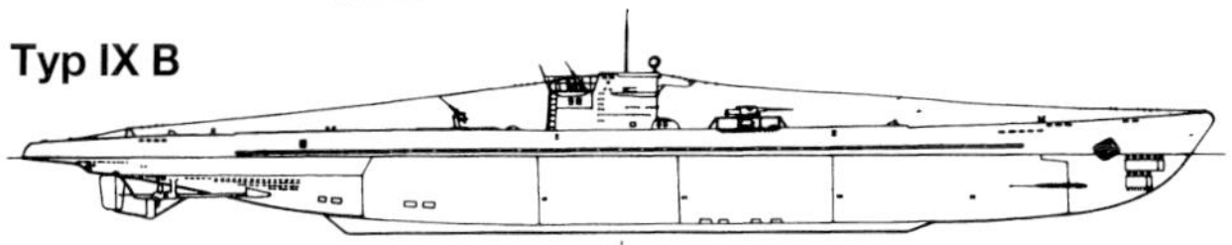

Typ IX C

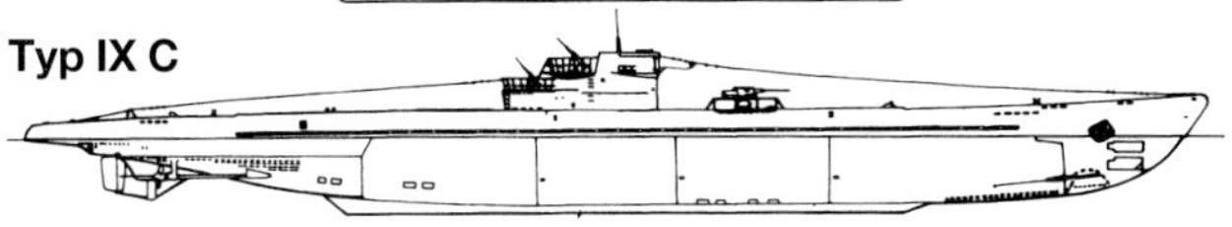

Typ IX D

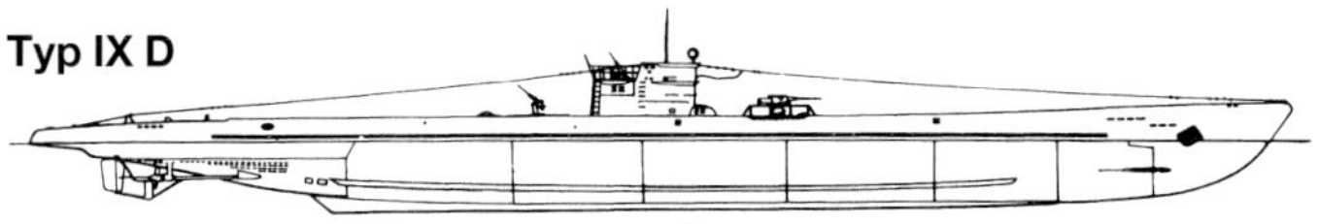

Typ IX D_2

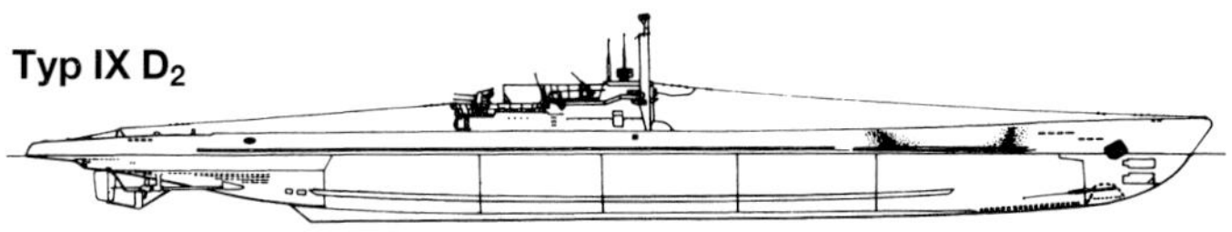

Typ XXI

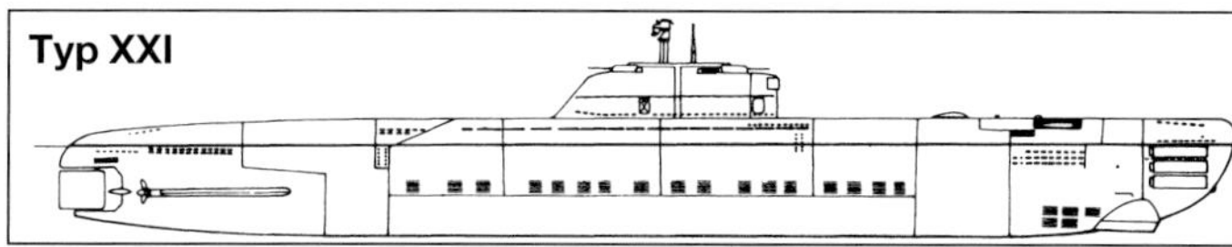

Typ XIV A

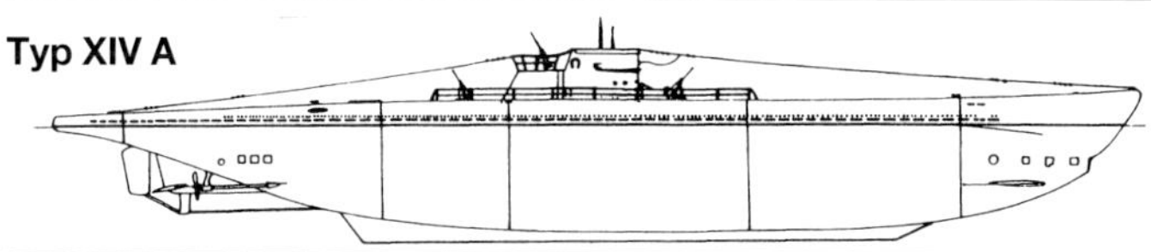

Typ I A

Typ II A

Typ VII A

Typ IX A

Typ X B

Typ XIV A

Typ XVII A (Wa 201)

Typ XVII A (Wk 202)

Typ XXI

Typ XXIII

Glossar

Fähnrich z.S.
Oberfähnrich z.S.
Leutnant z.S. (LtzS.)
Oberleutnant z.S. (ObltzS.)
Kapitänleutnant (Kptlt.)
Korvettenkapitän (KKpt.)
Fregattenkapitän (FKpt.)
Kapitän z.S. (KptzS.)
Konteradmiral (KAdm.)
Vizeadmiral (VAdm.)
Admiral (Adm.)
Generaladmiral (GenAdm.)
Großadmiral (GAdm.)
I. Wachoffizier (I.W.O.)*
II. Wachoffizier (II.W.O.)*
Unteroffiziere mit Portepee i.V.m. der Laufbahn, z.B.:
Bootsmann/Oberbootsmann
Maschinist/Obermaschinist
Steuermann/Obersteuermann
Funkmeister/Oberfunkmeister
Unteroffiziere ohne Portepee i.V.m. der Laufbahn, z.B.:**
Bootsmannsmaat/Oberbootsmannsmaat
Maschinenmaat/Obermaschinenmaat
Steuermannsmaat/Obersteuermannsmaat
Funkmaat/Oberfunkmaat
Torpedomechanikersmaat
Mannschaften:
Matrose/Gefreiter/Obergefreiter/Hauptgefreiter (bei Bootsmannslaufbahn vorgesetzt »Matrosen...«, z.B. Matrosengefreiter).**

* Dienststellung auf Booten ohne etatmäßigen Ersten Offizier.
** Bezeichnungen auch gelegentlich ohne Dienstgrad in Verbindung mit der Funktion, z.B. Zentralemaat, Zentralegast.

»Aphrodite IV«: Deckname für das Funkmeß-Täuschungsgerät FuMT 1. Einsatz ab Juni 1943 gegen die Radarortung des Gegners mit einer Frequenz im Meter- oder Dekameter-Wellenbereich (wirkungslos im Zentimeter-Wellenbereich). Aussetzen eines Ballons, den eine etwa 60 m lange Ankerleine, die mit Dipolstreifen bestückt war, dicht über der Wasseroberfläche hielt.

Asdic: (Allied Submarine Devices Investigation Committee) brit. aktiv arbeitendes (d.h. Impulse aussendendes) Schallortungssystem, um die Anwesenheit und Position eines getauchten Unterseebootes festzustellen. Siehe auch Schallortungsanlagen.

ASV (Air-to-Surface): brit. Flugzeugradar zur Ortung von über Wasser fahrenden Schiffen bzw. aufgetaucht fahrenden U-Booten: ASV II mit der Wellenlänge 1,5 m (eingeführt 1940), ASV III mit der Wellenlänge 9 cm (eingeführt 1943) und ASV IV mit der Wellenlänge 3 cm (eingeführt 1944).

Automatische Tiefensteuerungsanlage: Eine von der Fa. Askania in Berlin ab 1937 durch Oberingenieur Friedrich Tuschka entwickelte Anlage zur automatischen U-Bootssteuerung für Tiefe, Lastigkeit und Trimm verbunden mit einer Schwebeanlage (Marinejargon: »Eiserner L.I.«), um insbesondere bei Schnorchelfahrt eine genaue Tiefenhaltung zu ermöglichen. Erste Erprobung 1943 auf *U 555*, erster Serieneinbau Anfang 1944 auf *U 235, U 236, U 867* sowie ab Herbst 1944 auf den Frontbooten *U 1017* (Typ VII C/41) und *U 2511* (Typ XXI). Nach dem Kriege Weiterentwicklung für die französische Marine und für die Bundesmarine (Klassen 205 bis 209). Heute sind diese mechanischen Anlagen durch elektronische ersetzt.

Bathythermograph: Gerät zur Aufzeichnung der Temperaturen in verschiedenen Wassertiefen bzw. -schichten auf einem Bathythermogramm, um die Unterwasserortungssysteme leistungsfähig einsetzen zu können.

B-Dienst, xB-Dienst: Die 2. Abteilung der Seekriegsleitung im OKM (2./Skl.) umfaßte den Marinenachrichtendienst (MND) und dessen III. Abteilung (MND III) bildete die Funkaufklärung. Die Auswertung der hierdurch gewonnen Erkenntnisse oblag der 3./Skl. Zu MND III gehörten der Funkbeobachtungsdienst (B-Dienst) und der Funkentzifferungsdienst (xB-Dienst) – auch in Bordgruppen eingesetzt. Ihnen gelangen beträchtliche Einbrüche in den alliierten Funkverkehr, die der U-Bootführung bemerkenswerte Kenntnisse für Operationen gegen Geleitzüge vermittelten.

B.d.U. (Befehlshaber der U-Boote): Dienststellung und zugleich Dienststelle, entstand am 17. Oktober 1939 aus der Dienststelle des F.d.U. Befehlshaber war bis Kriegsende GAdm. Karl Dönitz.

»Biskaya-Kreuz«: Die Antenne des FuMB 1 »Metox«. Sie bestand aus einem einfachen Holzrahmen mit darüber befestigten Antennendrähten. Die Antennenkabel führten durch das Turmluk ins Bootsinnere zum Empfänger. Daher mußte die Antenne vor jedem Tauchen abgebaut und ins Bootsinnere gebracht werden. Dies führte häufig zu Beschädigungen. Erster Einsatz in der Biskaya, daher die Bezeichnung.

»Bold«: Mittel zur Täuschung der aktiven Schallortungsanlagen (Asdic, Sonar) des Gegners, eingeführt 1942. Ein mit Kalziumhydrit gefüllter Käfig (10 x 45 cm) wurde über eine Schleuse ausgestoßen und erzeugte in 30 m Tiefe schwebend eine Wolke aus Gasblasen, die ein u-bootähnliches Echo ergab. In ihrem Schutz konnte das U-Boot unbemerkt ablaufen.

Bruttoregistertonne (BRT): Der Bruttoraumgehalt bei Kauffahrteischiffen (nicht zu verwechseln mit Wasserverdrängung – siehe unten) wird von den nationalen Vermessungsbehörden nach internationalen Vermessungsvorschriften festgelegt. Er entspricht beim Schiff dem gesamten umbauten Raum einschließlich der Aufbauten und wird in BRT gemessen. 1 BRT = 100 Kubikfuß = 2,83 m^3.

Druckkörper: Er ist der Hauptteil des Unterseebootes, der dem Tauchdruck standhalten muß, berechnet nach der Zerstörungstiefe. Oberhalb der letzteren liegt die Betriebstauchtiefe, in der sich das Unterseeboot gefahrlos bewegen kann.

»Enigma«-Maschine: Die Schlüsselmaschine »Enigma« bildete die Grundlage der gesamten deutschen Funkschlüsselung. Hierbei umfaßte der »Marine-Funkschlüssel M« (M 3) drei Schlüsselwalzen zu je 26 Buchstaben – später vier (M 4 mit der »Griechenwalze Alpha« – aus einem Vorrat von acht, wobei die inneren Einstellungen (Walzenlage und Ringstellung) nur alle 48 Stunden, die äußeren Einstellungen (Steckerverbindungen und Grundstellungen) alle 24 Stunden wechselten.

FAT (Federapparat-Torpedo): Zusatzeinrichtung zum G 7. Je nach eingestellter gerader Vorlaufstrecke ging der Torpedo in einen Schleifen- oder Zickzacklauf über. Nach einem Fehlschuß sollte die noch verbleibende Laufstrecke durch die Richtungsänderungen doch noch zu einem Treffer im Geleitzug ausgenutzt werden.

F.d.U. (Führer der Unterseeboote): Dienststellung und zugleich Dienststelle, entstand am 1. Januar 1936 und wurde im Oktober 1939 in B.d.U. umgewandelt. F.d.U. war bis dahin KptzS. und Kommodore Karl Dönitz. Im Verlaufe des Krieges kam es – dem B.d.U. unterstellt – zur Schaffung des
– F.d.U West im Juli 1942,
– F.d.U. Norwegen/F.d.U. Nordmeer im Januar 1943,
– F.d.U. Italien/F.d.U. Mittelmeer im November 1941,
– F.d.U. Ost im März 1943 und des
– F.d.U. Ausb. (Ausbildungsflottillen) im März 1943.

»Fliege«: Dipol-Peilantenne Ant. 24 Cuba I »Fliege« des FuMB 7 »Naxos« für die 9-cm-Radar-Wellenlänge zur Warnung vor dem alliierten Flugzeugradar ASV III, eingeführt im März 1944 mit Reichweiten über 20 km (ab Mai/Juni 1944 in die Doppelanlage FuMB 26 »Tunis« mit Antenne »Mücke« integriert).

Funkaufklärung: Funkführung und Funkverkehr der deutschen Unterseeboote wie auch der alliierten Geleitzüge eröffneten der Funkaufklärung beider Seiten Erkenntnismöglichkeiten, und zwar durch
– *Verkehrsanalyse* (Untersuchung äußerer Merkmale aufgefangener Funksprüche liefert Hinweise auf die Verkehrszusammenhänge),
– *Funkpeilung* (landgestützt wie auch bordgestützt – siehe auch HF/DF –, liefert durch Einpeilen Erkenntnisse über Standorte),
– *Funkentschlüsselung* (liefert Erkenntnisse durch zeitversetztes oder zeitgleiches Mitlesen abgehörter Funksprüche der Gegenseite mit Hilfe erbeuteter Originalschlüssel) und durch
– *Funkentzifferung* (liefert Erkenntnisse durch zeitversetztes oder zeitgleiches Mitlesen abgehörter Funksprüche der Gegenseite durch kryptoanalytisches Lösen der Texte ohne Originalschlüssel).

Funkmeß...: Deutsche Bezeichnung für Radar.

FuMB: Funkmeßbeobachtungsgerät. Passiv arbeitendes Gerät zum Empfang ausgesandter Radarortungsimpulse.

FuMO: Funkmeßortungsgerät. Aktiv arbeitendes Gerät, das Radarimpulse zur Ortung eines gegnerischen Zieles (z.B. Flugzeug oder Schiff) aussendet und deren Echo zur Richtungs- und Entfernungsfestellung empfängt.

G7a, G7e: Dt. Torpedobezeichnung: G = Kaliber 53,3 cm, 7 = 7 m Länge, a = Preßluftantrieb und e = elektrischer Antrieb. Gefechtskopf 300 kg Sprengstoff.

Geleitzüge: Britische Geleitzüge hatten folgende Bezeichnungen:
– *HG*: Gibraltar – Großbritannien,
– *OG*: Großbritannien – Gibraltar,
– *HX*: Halifax/Kanada – Großbritannien,
– *ON*: Großbritannien – Halifax/Kanada,
– *SC*: Sydney/Neuschottland – Großbritannien
– *ONS*: Großbritannien – Sydney/Neuschottland
– *SL*: Sierra Leone – Großbritannien,
– *OS*: Großbritannien – Sierra Leone und
– *WS*: Truppentransport in den Nahen Osten.

Gruppenhorchgerät (GHG): Siehe Schallortungsanlagen.

»Hedgehog«: (Dt. »Igel«). Das Gerät, untergebracht auf der Back des U-Jagdfahrzeuges, verschoß gleichzeitig 24 Wasserbomben mit Aufschlagzündung nach dem Stielgranaten-Prinzip (Umkehrung des Granatwerfer-Prinzips). Der entscheidende Vorteil ergab sich aus dem Vorausfeuern. Dadurch blieb das getauchte U-Boot in der Asdic-Ortung, während beim konventionellen Wasserbombenangriff das U-Boot überlaufen und damit die Ortung unterbrochen werden mußte.

»Heimische Gewässer«: Schlüsselbereich zur Abwicklung des Funkverkehrs für alle Fahrzeuge in heimischen Gewässern sowie bis zum 5. Oktober 1941 für U-Boote im Einsatz in Nordsee und Atlantik (für U-boote abgelöst durch »Triton«). Anfang Mai 1941 gelangen erste Einbrüche in diesen Schlüssel.

HF/DF-Anlage: Brit.: High Frequency/Direction Finding = Kurzwellenpeilgerät (siehe auch Funkaufklärung/Funkpeilung). Die Ende 1942 einsetzende Ausrüstung der Geleitsicherungsfahrzeuge mit diesen Geräten führte zunehmend zur Einpeilung des Funkverkehrs der U-Boote am Geleitzug und dadurch zur Feststellung ihrer Position. Dies führte wiederum zu sofortigen Angriffen der Geleitsicherungsfahrzeuge gegen die festgestellten U-Boote. Die Peilreichweite dieser Geräte betrug 25 sm und aufgrund ihrer Funktionsweise bedurfte es nicht einmal einer Kreuzpeilung. Auch die von den U-Booten verwendeten Kurzsignale, um eine Funkpeilung zu erschweren, konnten eingepeilt werden.

Horizont (Kimm): Kreisförmige Linie, an der sich Himmel und Erde zu berühren scheinen. Abhängig von den Wetterbedingungen und dem Standort des Betrachters scheint der Horizont näher oder weiter entfernt zu sein. Bei klarem Wetter beträgt die Sicht vom Turm eines U-Bootes bis zum Horizont etwa 16 sm (ca. 29,5 km).

Kavitation: Erzeugung eines teilweisen Vakuums zwischen einem Festkörper und einer Flüssigkeit bei relativ schneller Bewegung, d.h. an einem Schiffspropeller. Die Kavitation ist ein Geräuschphänomen. Abhilfe kann die Schleichfahrt schaffen.

Knoten: Eine Seemeile (1853 m) pro Stunde.

Kriegsmarine: Das Wehrgesetz vom 21. Mai 1935 schuf die Kriegsmarine durch Umbenennung aus der Reichsmarine. Hiermit einher ging die Änderung der Kriegsflagge.

»Leigh-Light«: Vom britischen Squadron Leader H.V. Leigh entwickelt, erhielten die U-Jagdflugzeuge an der Unterseite einen starken Scheinwerfer, der bei Nacht während der letzten Angriffsphase zur Beleuchtung des vorher durch Radar erfaßten U-Bootes angeschaltet wurde, um den Bombenabwurf genau erfolgen zu lassen. Mit seiner Reichweite von ca. 2000 m war dies ein sehr erfolgreiches Angriffsverfahren.

L.I.: Leitender Ingenieur. Der auf einem Unterseeboot für den gesamten technischen Bereich einschl. der Tauchmanöver verantwortliche Ingenieuroffizier.

Luk: Öffnung im Bootskörper eines U-Bootes, z.B. Turmluk, Torpedoluk (zum Verstauen von Torpedos in den Bug- oder Heckraum).

LUT (lagenunabhängiger Torpedo): Zusatzgerät zum G7e, eine Weiterentwicklung des FAT. Unabhängig von der ursprünglichen Ausstoßrichtung (»Lage Null«) konnte der Kurs des Torpedos auf jeden beliebigen Winkel (Schußwinkel) eingestellt werden. Außerdem ließen sich nach vorherigem Gradlauf bestimmte Schleifenläufe einstellen. Nach Lieferung der Angriffsdaten durch die »Nibelung«-Anlage konnte der Torpedo auch ohne Auffassung des Zieles durch das Sehrohr aus Tiefen von bis zu 50 m geschossen werden.

MAD (Airborne Magnetic Anomaly Detector): (Dt. Flugzeug-Magnetfeld-Anzeiger). Ortung eines U-Bootes über Abweichungen im Magnetfeld der Erde.

Marine-Quadratkarte: Das deutsche Marine-Quadratnetz des 2. Weltkrieges überzog alle Seewasserflächen und bestand aus Großquadraten (Kantenlänge 486 sm), benannt mit je zwei Großbuchstaben (z.B. Großquadrat AF), die durch viermalige Unterteilung jeweils 9 x 9 Unterquadrate (Kantenlänge 54 sm) enthielten (1. Ziffernpaar, z.B. AF 15). Schließlich enthielt jedes Unterquadrat 9 x 9 Kleinquadrate mit einer Kantenlänge von 6 sm (2. Ziffernpaar, z. B. AF 1563).

»Metox«: Funkmeßbeobachtungsempfänger FuMB 1 zur Warnung vor gegnerischer Radarortung im Wellenbereich 1,8 - 4 m, vor allem durch Flugzeuge (ASV II), eingeführt auf allen U-Booten im August 1942 mit einer Holzrahmenantenne (»Biskaya-Kreuz«), im April 1943 durch die druckfeste Runddipol-Antenne »Ant. 3 Bali« ersetzt. Die Anzeige erfolgte durch Pfeifton.

»Mücke«: Hornstrahler-Antenne für die 3-cm-Wellenlänge zur Warnung vor dem alliierten Flugzeugradar ASV IV, integriert in die ab Mai/Juni 1944 auf den U-Booten eingebaute Doppelanlage FuMB 26 »Tunis« (zusammen mit der Antenne »Fliege«) mit Reichweiten bis zu 50 km. Die Antenne war nicht druckfest und mußte daher wie das »Biskaya-Kreuz« gehandhabt werden.

»Naxos«: Funkmeßbeobachtungsempfänger FuMB 7 mit Finger-Antenne »Ant. 11« (Holzstab, der geschwenkt werden mußte) zur Warnung vor gegnerischer Radarortung durch das alliierte Flugzeugradar ASV III mit 9 cm Wellenlänge, eingeführt im Oktober 1943 mit einer Reichweite bis zu 5 km. Im März 1944 erhielt das FuMB 7 »Naxos« die leistungsfähige Antenne »Ant. 24 Cuba I ›Fliege‹ «. Weiterentwicklung zum FuMB 26 »Tunis«.

»Nibelung«: Siehe Schallortungsanlagen.

Ob.d.M.: Oberbefehlshaber der Kriegsmarine, bis zum 1. Juni 1935 Chef der Marineleitung.

OIC: Die entzifferten deutschen Funksprüche gingen von der GC&CS – soweit sie die Marine betrafen – an das »Operational Intelligence Centre« (OIC) der britischen Admiralität und – soweit sie sich mit den U-Booten befaßten – an den zugehörigen »Submarine Tracking Room«. Von hier aus wurde die »Schlacht im Atlantik« gegen die U-Boote geführt. Das OIC war somit in der Lage, die Möglichkeiten sowie die Taktik und die Angriffsverfahren der U-Boote detailliert auszuwerten. Es war imstande, Tag für Tag eine ziemlich vollständige Karte ihrer jeweiligen Verteilung zu erstellen.

OKM: Oberkommando der Kriegsmarine, bis zum 1. Juni 1935 Marineleitung.

OKW: Oberkommando der Wehrmacht.

»Organisation Todt«: Dr. Todt war seit dem 17. März 1940 Reichsminister für Bewaffnung und Munition (nach seinem Tode ab 8. Februar 1942 Dr. Albert Speer). Die von ihm geschaffene Organisation war ursprünlich für den Autobahnbau zuständig. Später errichtete sie den Westwall und den Atlantikwall sowie die U-Bootbunker.

Prüfungstauchen: Siehe Trimmtauchen.

Radar: Brit.: Radio Detecting and Ranging (dt. Funkmeß). Ein in den 30er Jahren entwickeltes Verfahren, um die Position eines Zieles nach Richtung und Entfernung zu bestimmen. Hierbei werden Hochfrequenzimpulse ausgesandt, die – vom Ziel reflektiert – als Echo zurückkehren. Bei Ausbruch des Krieges führten alle größeren deutschen Überwasserschiffe Funkmeßgeräte, während auf britischer Seite die Ausrüstung mit Radargeräten erst ab Anfang 1941 einsetzte. Allerdings war die britische Seite in der Entwicklungsarbeit der deutschen bald überlegen und der Übergang auf den Zentimeter-Wellenbereich führte zu immer genauer arbeitenden Radargeräten.

Regelzellen: Regelzellen befinden sich mittschiffs innerhalb des Druckkörpers und dienen dazu, das Gewicht des Bootes so zu regeln, daß es der druckfesten Unterwasserverdrängung entspricht. Im getauchten Zustand stellt das Ausblasen der Regelzellen schnell den Auftrieb wieder her. Mit ihnen wird auch der Verbrauch von Proviant, Frischwasser, Brennstoff usw. ausgeglichen.

»Regenbogen«: Stichwort für die Ausführung des Befehls zur Selbstversenkung aller Einheiten der Kriegsmarine im Falle der Niederlage. In der Nacht vom 4./5. Mai 1945 erging zunächst das Stichwort »Regenbogen«, wurde aber kurze Zeit später auf Anweisung von GAdm. Dönitz widerrufen, da die Alliierten die unbeschädigte Übergabe der Einheiten der Kriegsmarine verlangten.

S-Anlage: Siehe Schallortungsanlagen.

Schallortungsanlagen: Brit. Asdic, am. Sonar. Im 2. Weltkrieg war es nur möglich, die Anwesenheit oder Position getauchter Unterseeboote – oder von Überwasser- bzw. Unterwasserzielen vom U-Boot aus – durch Schallortung festzustellen, ein Verfahren, das auch heute noch in Gebrauch ist. Hierbei gibt es zwei Systeme:

- Das passiv arbeitende Horchgerät, d.h. Unterwassermikrophone erfassen das vom Ziel ausgehende Geräusch (z.B. Propellergeräusch) nach Richtung und Entfernung. Diesem Zweck diente das Gruppenhorchgerät beim U-Boot mit 11 bzw. 24 beiderseits des unteren Bugs angebrachten Empfängern, später 2 x 24 in einem Balkon untergebracht.
- Die aktiv arbeitende Schallortungsanlage (S-Anlage, Deckname »Nibelung«), bei der im Echoverfahren durch das Aussenden von Schallimpulsen Richtung und Entfernung zum Ziel bestimmt werden.

Schußwinkel (-lage): Der Winkel, auf den die Kreiselkompaß-Steuerung des Torpedos vor dem Abschuß eingestellt wird. Bei »Lage Null« (Null-Winkel) stimmt der Kurs des Torpedos mit dem des schießendes U-Bootes überein. Alternativ hierzu kann ein Torpedo auch auf einen spitzwinkeligen Kurs oder auf Richtungsänderung nach links oder rechts nach Durchlaufen der Sperrstrecke eingestellt werden. Siehe auch Vorhaltrechner.

Seekriegsleitung (Skl.): Das 1935 als Nachfolger der Marineleitung geschaffene OKM war die Spitzenbehörde der Kriegsmarine und der Ob.d.M. war seit 1937 gleichzeitig »Chef der Seekriegsleitung« (Chef Skl.). Die Umorganisation des OKM zur Seekriegsleitung erfolgte erst 1939.

Seemeile: 1853 m (britisch); eigentlich 1854,965 m, d.h. 1/60 Längengrad (von 111,2979 km) am Äquator.

Sehrohr (Periskop): Ein optisches Instrument, um über ein Hindernis hinweg ein Objekt zu erkennen. Vom Grundprinzip her besteht es aus zwei parallelen Spiegeln, die in räumlicher Entfernung angeordnet sind. Aus einem getauchten Unterseeboot heraus ermöglicht das Sehrohr den Blick über die Wasseroberfläche. U-Boote besaßen im allgemeinen ein Angriffssehrohr und ein Luftzielsehrohr; letzteres diente zur Beobachtung des Himmels. Der Gebrauch des Sehrohrs mußte sehr sparsam erfolgen, da der Sehrohrkopf ein verräterisches Kielwasser hinterließ.

Sonar: Am.: Sound Navigation and Ranging (passive und aktive Schallortungsanlagen – siehe dort). Heute die allgemein übliche Bezeichnung.

Sonoboje: Sonobojen können Geräte zur aktiven und passiven Schallortung enthalten. Sie werden von U-Jagdflugzeugen abgeworfen und schwimmen an der Wasseroberfläche, wobei das Schallortungsgerät auf eine vorher eingestellte Tiefe abgesenkt wird. Die gewonnenen Daten werden über Funk an das Flugzeug übermittelt.

»Squid«: (Dt. Tintenfisch). Einsatz ähnlich dem »Hedgehog«. Doch der »Squid« verschoß nur drei Granaten, dem in der Regel sofort drei weitere nachfolgten, nach dem Granatwerfer-Prinzip, die rund um das U-Boot gleichzeitig detonierten und durch ihre Druckwellen den Bootskörper zerquetschten bzw. so schwere Beschädigungen verursachten, daß das U-Boot auftauchen mußte.

Tauchzellen: Bei Überwasserfahrt schwimmt das Boot auf den Luftpolstern in den Tauchzellen. Beim Tauchen werden die Entlüftungsklappen (oben) geöffnet, die Luft entweicht und Seewasser dringt durch die Flutklappen (unten) ein. Danach werden die Entlüftungsklappen geschlossen. Bei Unterwasserfahrt verleihen die Tauchzellen dem Boot den erforderlichen Auftrieb. Beim Auftauchen wird das Seewasser durch Druckluft (Preßluft) ausgeblasen. Bei Brennstoff/Tauchzellen wird der verbrauchte Brennstoff durch Seewasser ersetzt.

Tiefenruder: Sie haben Ähnlichkeit mit Seitenflügeln und sind vorn und achtern jeweils paarweise drehbar (ggf. einziehbar oder anklappbar) am Bootskörper angebracht. Mit ihnen wird aus dem Bootsinneren die Aufwärts- oder Abwärtsfahrt des U-Bootes gesteuert.

Trimmtauchen: Auch als Prüfungstauchen bezeichnet. Probetauchen eines Unterseebootes zum ermitteln der für den Gleichgewichtszustand erforderlichen Trimm.

Trimmzellen: Sie befinden sich innerhalb des Druckkörpers vorn und achtern und sind über die Trimmleitung miteinander verbunden. Ihre Aufgabe besteht darin, den Gewichtsschwerpunkt des Bootes senkrecht unter den Verdrängungsschwerpunkt zu bringen, damit das Boot nullastig (d.h. weder vor- noch achterlastig) eingesteuert werden kann (Herstellung des Gleichgewichtszustandes). Trimm ist die Schwimmlage eines Schiffes/Bootes in der Längsrichtung.

»Triton«: Ab 5. Oktober 1941 Schlüsselbereich zur Abwicklung des Funkverkehrs für U-Boote im Einsatz im Atlantik, gebrochen mit Ausnahme der Zeit vom 1. Februar 1942 bis zum 13. Dezember 1942 durch Einführung der vierten Schlüsselwalze.

U-Boot-Zieloptik (UZO): Doppelglas mit leuchtendem Fadenkreuz zur Zielauffassung für den Überwasserschuß, das auf dem Torpedozielgerät auf der Brücke angebracht ist (UZO-Säule) und dem Vorhaltrechner automatisch Richtungs- und Entfernungsangaben liefert.

»Ultra»: Nicht nur der deutschen Seite sondern auch der Funkaufklärung auf alliierter Seite gelangen – von den Deutschen unbemerkt und bis 1974 unbekannt – Einbrüche in die Funkschlüssel der obersten Reichsbehörden sowie von Heer, Luftwaffe und Marine. Eine Vielzahl von aufgefangenen deutschen Funksprüchen bildete für die Briten (nach Vorarbeit durch den polnischen Geheimdienst) in der »Government Code & Cypher School« (GC&CS) in Bletchley Park bei London die Grundlage, um mit Hilfe von besonders entwickelten Entzifferungshilfsmaschinen (Komputern) – den sog. »Bombs« – den Großteil der deutschen Schlüssel zu lösen. Hierbei leistete erbeutetes Schlüsselmaterial (z.B. auf dem Wetterschiff MÜNCHEN und *U 110*) einen wesentlichen Beitrag. Die Weitergabe der Auswertungen erfolgte auf britischer Seite unter der Geheimhaltungsstufe »Ultra« und war durch raffinierte Maßnahmen abgeschirmt. Siehe auch OIC.

Untertriebszelle: Sie befindet sich ebenfalls mitschiffs innerhalb des Druckkörpers. Um ein Unterseeboot so schnell wie möglich unter Wasser zu bringen, wird die Untertriebszelle geflutet, d.h. ein zusätzlicher Untertrieb hergestellt (daher auch manchmal als »Schnelltauchzelle« bezeichnet). Sie muß nach dem Tauchmanöver sofort wieder ausgeblasen bzw. ausgedrückt werden, um das Boot einsteuern zu können.

Vorhaltrechner: Elektromechanischer Abweichungsrechner im U-Boot, der die Kreiselkompaß-Steuerung des Torpedos im Rohr mit den Angriffsdaten versorgt.

Wasserverdrängung: Das Verdrängungsvolumen des Schiffes/Bootes multipliziert mit dem spezifischen Gewicht des Wassers (1,015) ergibt den Auftrieb = gleich dem Schiffsgewicht bzw. der Wasserverdrängung. Bei deutschen Kriegsschiffen wurde das Verdrängungsvolumen in »t« – metrische Tonnen (mt) zu 1000 kg – angegeben, während bei ausländischen Kriegsschiffen die Maßeinheit »ts« – engl. »long ton« zu 1016 kg – Anwendung findet. Letztere Angabe ist heute allgemein in Gebrauch. Bei Unterseebooten wird das Verdrängungsvolumen immer nach der Wasserverdrängung *über* und *unter* Wasser angegeben.

Western Approaches: Die westlichen Zugänge nach Großbritannien nördlich und südlich von Irland (Nordkanal und St.-Georgs-Kanal). Der Befehlsbereich des C-in-C Western Approaches mit Hauptquartier im Derby House in Liverpool erstreckte sich über eine Zone von 200 sm westlich der irischen Küste. Am 17. November 1942 übernahm Admiral Sir Max Horton von Admiral Sir Percy Noble den Befehl über das Western Approaches Command.

»Zaunkönig«: Bezeichnung T 5. Erster Horchtorpedo der Welt mit passiv akustischer Zielansteuerung und aktiv magnetischer Abstandszündung.

Zentrale: Sie ist das »Gehirn« eines Unterseebootes und befindet sich direkt unter dem Kommandoturm. Von hier aus wird das Unterseeboot bei Tauchfahrt geführt.

Bibliographie

ALALUQUETAS, Jacques: *U-Boat, direction centre Atlantique*. Editions Loki, Paris 1978.

ALMAN, Karl: *Les loups gris dans la mer bleue*. Editions Presses de la Cité, Paris 1968.

ANTIER, Jean-Jacques: *Histoire mondiale des sous-marins*. Editions Robert Laffont, Paris 1968.

ANTIER, Jean-Jacques: *Les sous-mariniers*. La Pensée Moderne, Paris 1976.

BAGNASCO, Erminio: *UBoote im 2. Weltkrieg*, Motorbuch-Verlag, Stuttgart 1994.

BRENNECKE, Jochen: *Le destin tragique des sous-mariniers allemands*, Editions France-Empire, Paris 1956. Originalwerk: *Jäger – Gejagte! Deutsche U-Boote 1939 - 1945*, Koehler's VerlagsGmbH, Biberach 1956.

BREYER, Siegfried, und KOOP, Gerhard: *The U-Boat. The German Navy at War 1939-1945*, Schiffer Publishing Ltd., Atglen/Pa. 1989.

BUCHHEIM, Lothar-Günther: *Le Styx*, Editions Albin Michels, Paris 1977.

BUFFETAUT, Yves: *La Kriegsmarine 1939-1945*, Marines Editions.

BUFFETAUT, Yves: *Les ports de l'Atlantique 1939-1945*, Marines Editions.

CATELA, Francis: *Propaganda-Postkarten*, Francis Catela Editions, Paris 1988.

CLANCY, Tom: *Sous-marins*, Edition Albin Michel, Paris 1994. Dt. Übersetzung: *Atom-U-Boot*, Wilhelm Heyne Verlag, München 1997.

COSTELLO, John, und HUGHES, Terry: *La bataille de l'Atlantique*, Edition Albin Michel, Paris 1994. Dt. Übersetzung: *Atlantikschlacht. Der Krieg zur See 1939 - 1945*, Gustav Lübbe Verlag GmbH, Bergisch-Gladbach 1977.

DAVIS, Brian Leigh: *Badges and Insignia of the Third Reich*, Arms & Armour Press, London 1994.

DÖNITZ, Karl: *La guerre en 40 questions*, Editions de la Table Ronde, Paris 1969. Dt. Ausgabe: *Deutsche Strategie zur See im Zweiten Weltkrieg: Die Antworten des Großadmirals auf 40 Fragen*, Bernard & Graefe, Frankfurt/M. 1970.

DÖNITZ, Karl *Ma vie mouvementée 1891-1945*, Julliard, Paris 1968. Dt. Originalwerk: *Mein wechselvolles Leben*, Göttingen 1968.

FRANK, Walter: *U-boote contre marines alliées*, Arthaud, Paris 1956. Dt. Originalwerk: *Die Wölfe und ihr Admiral*, Gerhard Stalling Verlag, Oldenburg 1953.

GUIERRE, Maurice: *Bataille de l'Atlantique. Le victoire des convois*, Editions Julliard, Collection 'J'ai lu', Paris 1967.

HERZOG, Bodo: *Die deutschen U-Boote 1906 - 1945*, J.F. Lehmanns Verlag, München 1959.

HERZOG, Bodo *U-Boote im Einsatz 1939 - 1945*, Podzun-Pallas-Verlag, Dorheim 1970.

KUROWSKI, Franz: *Jäger der sieben Meere*, Motorbuch-Verlag, Stuttgart 1994.

KUROWSKI, Franz: *Knight's Cross Holders of the U-Boat Service*, Schiffer Military History, Atglen/Pa. 1995. Dt. Originalwerk: *Die Ritterkreuzträger der U-Bootwaffe*.

LAKOWSKI, Richard: *U-Boote*, Militärverlag der DDR, Berlin 1989.

LE MASSON, Henri: *Les flottes de mcombat 1944-1945*, Société d'éditions géographiques maritimes et coloniales.

LENTON, Georges: *Navies of the Second World War. German Submarines*, McDonald, London 1966.

MALLMAN-SHOWELL, J.P.: *U-Boote gegen England. Kampf und Untergang der deutschen U-Bootwaffe 1939 - 1945*, Motorbuch-Verlag, Stuttgart 1993.

MASON, David: *U-boote, loups des mers. Histoire illustrée de la secondeguerre mondiale*, Editions Marabout, Paris 1968.

MEIER, Friedrich: *Kriegsmarine am Feind*, Erich Klinghammer Verlag, Berlin 1941.

MESSENGER, Charles: *World War 2 in the Atlantic*, Books and Toys Ltd., 1990.

MOLLOW, Andrew, und McGREGOR, Malcolm: *Naval, Marine and Air Force Uniforms of World War 2*, Blandford Press, London 1975.

NOLI, Jean: *Les loups de l'amiral, les sous-marins allemands dans la bataille de l'Atlantique*, Fayard, Paris 1970.

PALLUD, Jean-Paul: *U-boote. Les sous-marins allemands dans la bataille de l'Atlantique*, Heft 39 -45, Sonderband 9, Februar/März 1989.

PEILLARD, Léonce: *Histoire générale de la guerre sous-marine 1939-1945*, Robert Laffont, Paris 1970. Dt. Übersetzung: *Geschichte des U-Bootkrieges 1939 - 1945*, Paul Neff Verlag. Berlin 1970.

PEILLARD, Léonce: *La bataille de l'Atlantique*, Robert Laffont, Paris 1974.

PRESTON, Anthony: *U-boote. L'histoire des sous-marins allemands*, Fernand Nathan, Paris 1978.

RAEDER, Erich: *Ma vie*, Editions France Empire, Paris 1965. Dt. Originalwerk: *Mein Leben*, 2 Bde., Tübingen 1957.

RAYNER, D.A.: *Torpilles sous l'Atlantique*, Robert Laffont, Paris 1958.

ROBERTSON, Terence: *Le loup de l'Atlantique. The Golden Horseshoe*, Amiot Dumont, Paris 1955.

RÖSSLER, Eberhard: *The U-Boat. The Evolution and Technical History of the German Submarine*, Arms & Armour Press, London 1981. Dt. Originalwerk: *Geschichte des deutschen U-Bootbaus*, J.F. Lehmanns Verlag, München 1975.

SCHAEFFER, Heinz: *U-997, l'odysséed'un sous-marin allemand*, Editions Julliard, Collection 'J' ai lu', Paris 1952. Dt. Originalwerk: *U 977*, Limes-Verlag, Wiesbaden 1974.

STERN, Robert: *U-Boats in Action*, Squadron Signal Publications, Carrollton/Tx. 1978.

TARRANT, V.E.: *Kurs West! Die deutschen U-Bootoffensiven 1914 - 1945*, Motorbuch-Verlag, Stuttgart 1989.

WERNER, Herbert: *Dix-huit secondes pour survivre*, Robert Laffont, Paris 1970. Dt. Originalwerk: *Die eisernen Särge*, Verlag Hoffmann & Campe, Hamburg 1969.

WILLRICH, Wolfgang: *War Artist Krugzeichner 1990?*

WILLIAMSON, Gordon: *U-Boat Crews, 1914-1945*, Elite Series, Osprey, London 1995.

MILITARIA Magazine. Ausgaben 45 und 73. Editions Histoire & Collections, Paris, 39-45 Magazine. Ausgaben 109-110, Juli/August 1995: *La Rochelle 1940-1945*. Editions Heimdal. Collection des documents Hachette: *Sous-marins de 1919 á nos jours*. Graphisches Werk 19: *Die deutsche Kriegsmarine*, 1994.

Bildnachweis

ECP Armées: S, 2 und 3, S. 14 und 15 (unten), S. 16 (oben), S. 17 (oben), S. 19 (oben), S. 20 (oben), S. 24 (unten links), S. 25, S. 26, S. 30, S. 32, S. 34, S. 35, S. 37, S. 38 (unten), S. 39 (oben und Mitte), S. 41 (unten links und rechts), S. 44, S. 46 (unten), S. 49, S. 50, S. 57, S. 58 (unten), S. 59 (oben), S. 60 (unten), S. 62 (oben und unten), S. 63 (unten), S. 64, S. 65, S. 68 (oben und unten), S. 69 (unten), S. 70 (oben rechts), S. 72 (oben), S. 73 (unten), S. 75, S 118 (oben links), S. 120 (unten rechts), S. 125.

Bundesarchiv: S. 9 (unten), S. 12, S. 14, S. 15 (oben und Mitte), S. 16 (unten), S. 18, S. 20 (Mitte und unten), S. 21 (Mitte und unten), S. 24 (oben und unten rechts), S. 27, S. 33, S. 41 (oben), S. 45, S. 46, S. 47 (oben), S. 52 (oben), S. 53 (oben und unten), S. 57 (oben), S. 59 (unten), S. 60 (oben), S. 69 (Mitte), S. 70 (oben und Mitte), S. 72 (unten), S. 73 (oben), S. 74 (oben), S. 78 (oben), S. 79 (oben und unten), S. 80 (unten), S. 82, S. 92 (oben), S. 93 (oben und unten), S. 97 (oben), S. 98 (oben) und S. 129 (unten).

Signal: S. 52 (unten) und S. 116/117.

National Archives: S. 76/77, S. 84/85, S. 89 (oben und Mitte), S. 90, S. 91, S. 94, S. 100, S. 101, S. 102, S. 103, S. 107 (oben), S. 114 (oben) und S. 115 (oben).

I.W.M.: S. 4 und 5, S. 6 und 7, S. 38 (oben rechts), S. 39 (oben rechts), S. 71 (unten), S. 72 (unten), S. 83, S. 89 (unten), S. 104, S. 105, S. 106 (oben), S. 107 (Mitte), S. 110, S. 114 (unten), S. 115 (unten und Mitte).

Militaria Magazine: S. 126 und 127, S. 128.

Filmstudio Bavaria: S. 138 und 139.

Privatsammlungen: S 8 (oben), S. 13, S. 28, S. 54, S. 55, S. 57 (unten), S. 58 (oben), S. 62 (Mitte), S. 63 (oben), S. 74 (Mitte), S. 80 (oben), S. 96 (unten), S. 98 (unten), S. 106 (unten links und rechts), S. 107 (unten), S. 119 (oben links), S. 119 (unten rechts), S. 120 (oben links und rechts) und s. 123 (oben rechts).

Danksagungen

Der Verfasser schuldet folgenden Personen und Institutionen Dank: Frédéric Bachmann, Christophe Deschodt, Gérard Gorokhoff, Jean de Lagarde, Jean-Claude Maurel und besonders Eric Micheletti für seine Unterstützung, Jean-Yves Nasse, Jacques Rivet und Anaka Yasuro sowie der ECPA, dem Bundesarchiv, dem Imperial War Museum, dem Militaria Magazine und den National Archives.